中公クラシックス J33

聖徳太子
法華義疏(抄)
十七条憲法

瀧藤尊教
田村晃祐 訳
早島鏡正

中央公論新社

目次

聖徳太子の人となり

田村晃祐

聖徳太子伝を構成し、そこからその人となりを考えることは現在はなはだ困難なことである。その理由は、在世中の的確な資料が得難いからである。『日本書紀』は太子没後約百年に著されたものであり、『上宮聖徳法王帝説《じょうぐうしょうとくほうおうていせつ》』はさらに奈良時代から平安時代初期の撰述とされ、最も信頼に値するとされてきた法隆寺金堂薬師如来像光背銘《こうはいめい》も「天皇」という文字が入っているので、後年のものと考えられ、内容は必ずしも信頼の置けるものではないとの意見が出されている。しかも天皇号の制定の時期さえも諸説ある。

例えば推古朝の遣隋使の派遣回数でも諸書を総合したうえでの六回派遣説から、三回、あるいは二回とする説もあり、定説というべきものがない。そのようななかで最も信頼できる記事として、『隋書』倭国伝に、大業《たいぎょう》三年（六〇七）に倭国が朝貢して国書を呈し、翌年文林郎裴世清《はいせいせい》を倭国へ派遣した、というものがある。『日本書紀』にも推古天皇十五年（六〇七）秋七月、大礼《だいらい》小野妹子を大唐《もろこし》に遣わし、翌十六年夏大唐使人裴世清と下客《しもべ》一二人を伴って帰国したことが記されているから、日隋に共通する記事ということで、信頼が置けるであろう。最初に『隋書』に記されている国書について考えてみよう。

推古天皇十五年の国書について

この国書の冒頭の部分「日出づる処の天子、書を日没する処の天子に致す。恙《つつが》なきや云々」が『隋書』に引用されている。この国書は外交用語として先例のある言葉が多く用いられており、そこに種々の問題が含まれている。

恙なきや　この言葉は漢が匈奴《きょうど》に負け、対等な国であったときに互いに用いた語である。漢の高祖劉邦《りゅうほう》（前二四七〜前一九五、皇帝在位は前二〇二〜前一九五）は匈奴の冒頓単于《ぼくとつぜんう》（?〜前一七四、前二〇九即位）と戦い、大同付近の白登山で四〇万の軍に囲まれた。閼氏《えんし》（単于の正妻の称号）に厚く贈物をして危うく虎口を脱し（前二〇〇）、和親した結果、宗室（皇族）の女《むすめ》を公主（皇女）と名のらせて閼氏とし、毎年匈奴に絮《まわた》・繒《きぬ》・酒・米・食物を呈上することとした。敗戦による屈辱的平和条約である。こうなると、自ら中華と称し、周辺諸国を野蛮（東夷《とうい》、南蛮《なんばん》、西戎《せいじゅう》、北狄《ほくてき》）と見ることはできなくなる。

対等な国という意味で「匹敵する国」の関係にあったとき、漢の文帝四年（前一七六）に、匈奴の単于から「天立つる所の匈奴の大単于、敬みて敬問す。皇帝恙なきや」という書が寄せられた。逆に、文帝六年、漢から一尺の牘《とく》をもって「皇帝敬問す。匈奴の大単于恙なきや」と書を返すと、さらに匈奴からは一尺二寸の牘で「天地の生ずる所、日月置く所の匈奴の大単于、漢の皇帝に敬問す。恙なきや」との書が送られた。(『史記』列伝五十「匈奴列伝」)

書を致す　「書を致す」という表現は、二度国書に用いられたが、東京大学の坂本太郎氏も突厥の場合を取り上げている。突厥の第六代可汗沙鉢略《イシュバル》(?〜五八七、可汗在位五八一〜五八七)が隋の高祖文帝(楊堅、五四一〜六〇四、在位五八一〜六〇四)に出した書簡のなかで用いられていたことが注意されている。

楊堅は長女を北周の武帝の皇太子の妃とし、その皇太子が宣帝(宇文贇《うぶんいん》、在位五七八〜五八〇)として即位した後は外戚となって後見し、さらに幼少の静帝(在位五八〇〜五八一)の禅譲を受ける。これによって北周は滅び隋が建国され、文帝となった楊堅はさらに南朝・陳を滅ぼし(五八九)、ついに中国統一を果たした。沙鉢略の妻千金公主は北周の帝室宇文氏の女《むすめ》で、北周が滅び宗祀が絶えたことを悼んで隋に対して復讐する思いをもったので、沙鉢略は隋の北辺をしきりに侵していた。ただ、文帝と可汗沙鉢略は対立しながらも、北周の帝室宇文氏を介して間接的に縁続きといえた。

あるとき沙鉢略は部下であった阿波可汗の驍《ぎょうかん》捍を憎んで、その部(兵)を襲撃して阿波の母を殺した。阿波は達頭可汗（沙鉢略の従父）のもとに奔り、達頭は西突厥を建て、沙鉢略と達頭との間で戦争となる。

このとき沙鉢略は文帝に和を請い、援軍を求めた（五八四）。沙鉢略が出したその書のなかに「書を致す」の文字が見える。「辰年（五八四）九月十日、天より生ぜる大突厥の天下の賢聖、天子伊利倶盧設莫何始波羅可汗、書を大隋皇帝に致す。……皇帝は是れ婦の父、即ち是れ翁（父）、此は是れ女の夫、即ち是れ児の例なり。両境殊なりと雖も、情義は是れ一、云々」というもので、文帝の返事は「書を貽《おく》る」として、「既に是れ沙鉢略の婦の翁、今日沙鉢略を看るに児子と異ならず云々」。親子であることを認める言葉だった。

『隋書』（六五六完成）の刊行後なら日本でも容易に知り得ることであろうが、『隋書』編纂以前に日本は約二〇年前の突厥の国書のなかに記載されていた言葉をどうして知り、用いることができたかと考えると、高句麗の位置が注目される。隋に攻撃された高句麗は突厥と倭、南北に手を伸ばして外交関係を結んでいた、という早稲田大学の李成市氏の見方は重要な指摘である。「書を致す」という短い言葉の裏に、高句麗王から倭国に派遣された僧恵慈《えじ》の姿が垣間見えると考えられる。

天子　この国書は倭と隋と両方の支配者を同じ「天子」という言葉で表している。ところがこれは異例のことであった。「漢委奴国王印」という後漢の光武帝から奴国王に与えられた印のように、漢は皇帝であるのに対し、奴国は王であった。王は「封土を有する諸侯」（諸橋轍次著『大漢和辞典』、大修館書店）に当たるであろう。『日本書紀』巻二十二によると、隋の煬帝からの推古天皇への国書は「皇帝、倭の皇（王）に問う」で始まっていて、伝統的な形によっている。

日出づる処、日没する処　太陽の出る処という言葉で倭を指し、太陽の没する処という言葉で隋を指すことについては、古来優劣の関係があるとか、単に東西を指すものであるとか多くの論議が交わされている。いまここでその詳細を振り返ることはできないが、特に優劣の関係を示した言葉ではなく、単なる方向を示す言葉であると理解しておきたい。

対等外交の背景

以上見てきたように、この国書において対等外交が展開されたことは、多くの学者の認めるところである。しかし、ではなぜこうした対等外交を展開できたか、その思想的根拠は何か、という質問は管見によれば見たことがない。従ってその答えも見たことがない。しかし、思想を重視する立場からいえば、これが非常に重要なことになる。

いうまでもないことであるが、倭国は隋と戦争をしたこともなければ、もちろん勝ったことがない、あるいは、隋の皇帝と倭の支配者が父子の関係を結んだこともない。それなのに、先に見た文例のような言葉をなぜ遣ったのか。あるいは遣うことができたのか。私はただ一つ、国家間の平等に言及しているのは「十七条憲法」の第二条「三宝とは……万国の極宗なり」の言葉を見るだけである。国家の平等の思想の裏には人間の平等説があると考えられる。

三経《さんぎょう》義疏《ぎしょ》、なかでも『法華《ほっけ》義疏《ぎしょ》』の正説の第一「因一」の義の内容は一乗思想である。すべての者が平等に仏になれる、という思想である。『勝鬘経《しょうまんぎょう》義疏《ぎしょ》』も同じく一乗思想によっている。その一乗の具体的内容として両書とも「万善同帰《まんぜんどうき》」という。仏教の修行のなかでは、一生学問をし、修行を続ける人もあろう。しかしなかには一生の間に一度だけ手を合わせて仏像にお詣りしただけの人もいるであろう。そのような修行の内容に差別を設けることもなく、どのような善を行ってもすべては平等に、最終的には永遠なる仏の世界に帰入することができるというのが万善同帰の意味である。この「平等」はしかし人間と人間との平等である。

この考え方を国家にまで拡大すれば、大きな国家であっても小さな国家であっても、仏法を最終的な拠り所（極宗）とすれば、その意味で平等な国家となるであろう。この考え方が「十七条憲法」に載せられ、聖徳太子をして隋に対する対等外交を展開させた根拠であろうと考えられる。「十七条憲法」には諸種の偽撰説がある。それぞれその内容を考えていかなければならないが、多くは使用している文字に関するものである。しかし、思想家の書いた思想的文章で最も重要なのは、思想内容の吟味であると思われる。例えば言葉は、特に『日本書紀』の場合は、後になって改変することも可能である。「十七条憲法」を思想の立場に立って見るとき、人間の平等を

「四生の終帰」としてあらゆる生物（胎生、卵生、湿生、化生）の終極的な帰依の処とし、さらに「万国の極宗」はあらゆる国の究極的な宗とすべき処と拡大解釈をして、国家の最終的な拠り所を仏教に求めていった点に独創性があり、同時に太子はそれを外交の上にも生かそうとしていった点に仏教への帰依の現実的な姿勢が見受けられると考える。

「十七条憲法」の言葉の出所について、九州大学の長沼賢海氏、早稲田大学の福井康順氏らが中国古典に見いだしているが、駒沢大学の石井公成氏が成実《じょうじつ》論師や『高僧伝』などの用例を検討している。

煬帝の反応

文帝の後を襲った煬帝《ようだい》（五六九～六一八、在位六〇四～六一八、父を殺して皇位についたとも言われ、自らも臣下に殺されたらしい）は仏教を尊重した。中国史においては三武一宗《さんぶいっそう》の法難といわれる仏教弾圧事件があるが、北周の武帝はその一人で、仏・道二教を禁じる命を下し、仏教を弾圧した。その直後であっただけに、隋の初代文帝は仏教復興に尽力した。煬帝も帝位につく前、晋王の時代に天台大師智顗《ちぎ》（五三九～五九七）を尊崇し、その興隆に尽くす。揚州に四道場を設け、うち二道場（慧日、逡雲）は仏教のものとし、慧日道場には三論宗の大成者嘉祥《かじょう》大師吉蔵《きちぞう》（五四九～六二三）も招かれている。長安にも多くの寺を建立した。

大業三年の使者（小野妹子）が、「聞く、海西の菩薩天子、重ねて仏法を興す、と。故に遣わして朝拝せしめ、兼ねて沙門数十人、来たりて仏法を学ぶ」と言ったのは事実に合致するものである。国書と同じ「天子」という言葉を用いながら「菩薩天子」と呼んでおり、留学の沙門を派遣していることに、この外交が仏教思想を基調とする仏教外交であったことを示している。

ところが煬帝にはこの仏教外交の意味が通じなかった。中華・東夷という差別意識が仏教の平等思想に優先していたのである。それを端的に示すものが「皇帝これを覧て悦ばず、鴻臚卿《こうろけい》（外務大臣に相当）に言って曰く、蛮夷の書、無礼なる者あり。復以て聞すること勿《なか》れ」（『隋書』）という。「蛮夷の書」という言葉に不快感が典型的に示されている。

翌年、裴清（裴世清）が倭国に派遣された。この使者の役目について諸種の意見があるが、宣《せん》喩《ゆ》使《し》というのが正しいように思う。裴世清の倭王への言葉に「皇帝、……王、化を慕うの故を以て行人（使者）を遣わして来らしめ、ここに宣喩す」と、日本の支配者を王と呼び、隋の支配者を皇帝と呼んで区別を設けて宣喩している。文林郎は「文学の士を徴して之に充て」た官であるが、日本に対しては鴻臚寺の掌客（外務省の儀典官？）という立場であった。この人の帰国の報告、倭王の「我聞く、海西に大隋礼義の国あり、と。故に遣して朝貢せしむ。我は夷人、海隅に僻在して礼義を聞かず……」は、煬帝の一喝をそのまま受け入れ追従している姿を示すものであろう。裴世清としては自らの使命を十分に果たし得たということの帰国報告であった。

倭国の対応

倭国の対応の実態はどうであったか。『隋書』によれば、「倭王、小徳阿輩台（大河内直糠手《おおしこうちのあたいあらて》か？）を遣わし数百人を従え儀仗を設け、鼓角を鳴らし来たり迎えしむ。後十日また大礼哥多毗（額田部連《ぬかたべのむらじ》比羅夫《ひらぶ》？）を遣わし、二百余騎を従え郊労（町はずれまで出て客をねぎらう）せしむ」とある。倭国側では筑紫に到着すると急使が立てられ政府に知らされたのであろうか。『日本書紀』には、難波《なにわの》吉《き》士《し》雄成《おなり》が迎えに派遣され、難波に新館を建て難波の津に錺《かざり》船三〇艘を出して歓迎したと伝える。掌客として三名が任命され、入京の日には錺騎七五疋が出て迎え、額田部連比羅夫が礼辞を述べた。『隋書』にも、「道を清め館を飾り以て大使を待つ」という。

天皇の称号について、隋使の国書には「皇帝、倭の皇に問う」とあるが、「皇」は実は「王」であったろうといわれており、倭の国書も「東の天皇（実は大王か？）、西の皇帝に白す」と、先の隋への国書が同じ天子という言葉を用いているのに反して、異なる名称が用いられている。また、倭と隋との関係についても「東」と「西」という言葉が用いられている。

両者の対応についても隋は「深き気《こころばえ》の至誠《いたれるまこと》ありて遠く朝貢《かよ》ふこと倘《かた》つといふことを知りぬ。丹款《ねむごろにまこと》なる美《みさを》を朕嘉《われよみ》すること有り」というのに対して、倭国の国書は「使人鴻臚寺の掌客裴世清等至《まういた》りて久しき憶《おもい》、方《みざかり》に解《と》けぬ。季秋《このごろ》薄《やうやく》に冷《すず》し。尊《かしこどころ》、如何《いか》に云々」（日本古典文学大系『日本書紀』下、岩波書店）と丁重な表現をとっている。

この接待に太子は出てこない。前の記事には皇太子とあるが、出るのは推古天皇、皇子《みこたち》、諸王《もろもろのおおきみ》、諸臣《もろもろのおみ》である。倭国側の文献にも対等外交の形はないといってよいだろう。『日本書紀』のこの後の条に太子が登場するのは、片岡山の飢人の話と、天皇記《すめらみことのふみ》・国記《くにつふみ》、臣連《おみのむらじ》伴造国造百八十部《とものみやつこくにのみやつこももあまりやそとものお》、公民《おおみたから》の本記《もとつふみ》作成に関わった記事だけである。

普遍的国家の実現

東京大学名誉教授であった故中村元氏は、普遍的宗教の萌芽の段階からその宗教の絶対的権威を認められる中世思想との中間に、普遍的国家あるいは普遍的帝王が存在した、とし、インドのアショーカ王（前三世紀）、日本の聖徳太子、チベットのソンツェンガンポ王（五八一～六四九）、ミャンマーのアノーヤター王（一〇四四～一〇七七統治）、カンボジアのジャヤヴァルマン七世（一一八一～一二一八統治）、タイのラーマカムヘン王（一二七七～一三一八統治）をあげ、さらに中国では梁の武帝（五〇二～五四九統治）や隋の文帝（五八一～六〇四統治）、西洋ではコンスタンチヌス帝（三〇六～三三七在位）やカール大帝（七六八～八一四統治）などがあげられるという。

その特徴は、①強大な王が出現して王朝の基礎が確立し、②諸部族対立の時代と異なる新しい指導理念が必要とされ、③その指導理念を普遍的な世界宗教が提供し、④その指導理念を文章表現の形で一般の人々に向かって表現され、⑤普遍的な世界宗教はこの統一国家において急激に発展する、と述べる。

聖徳太子については「十七条憲法」を主たる資料として他の諸王と対比しながら、その普遍性を検証していく。

表現上では道徳的訓戒に近い帝王の思想の表明であり、推古朝における豪族結合の必要性と仏法による理想国家建設の課題、そして普遍的国家の理想として、①単なる従順ではないことを論じて事理を通じさせる和が説かれ、これは仏教の慈悲の立場の実践的展開である。②原始仏教以来和を重んじ、これは中道の理念につながりうるものであるが、聖徳太子は凡夫の自覚によって可能であることを説いている。③これは普遍的な教説であって、あらゆる生けるものの終帰《よりどころ》・万国の極宗《おおむね》であり、どの時代にあってもどの人でも貴ぶべき法であることが強調される。④この普遍的な法は国家の政治に具現されるべきで、官吏も人格者でなければならない、と説く。⑤中央集権的君主制の国家における君・臣・民の関係で帝王の権威が強調されている。⑥先進の文化を取り入れて自国の文化を高めている。⑦普遍的宗教を政治に生かそうとする精神は民衆に愛情を以て接する。人道主義的活動として、薬草を栽培して人々に分かち与える施薬院、いっさいの病人を寄宿させた療病院、貧窮孤独な人を住まわせ養った悲田院《ひでんいん》、悪を断じ善を修してさとりを得させる敬田院《きょうでんいん》の四院を建てた。帝王である限り強権も執行するが、普遍的宗教を奉じる帝王には反省があった。⑧勝鬘経や法華経の注釈で社会的奉仕を強調した。こうして日本において宗教的真理が現実に具現され展開されるための基礎が聖徳太子によって作られた。

むすび

日本へ仏教が伝えられた主な動きは、百済《くだら》の聖明王から日本の欽明天皇へ仏像・経巻が贈られた、いわゆる仏教公伝であった。当時中国は南と北に王朝が並び立つ南北朝時代で、百済が親交を持ったのは、中国の歴史を通じて最大の仏教信者の王といわれる梁の武帝であった。

武帝（四六四〜五四九、在位五〇二〜五四九）は、儒教・道教に詳しく、武にも優れ、梁国を建て帝位についた頃から仏教に傾注し、自ら仏教を講じ、「般若経」の注釈五〇巻を著したばかりでなく、光宅寺《こうたくじ》・大愛敬寺・大智度寺・同泰寺・開善寺など多くの寺を建立し、同泰寺に三度（あるいは四度）捨身した。武帝の捨身は寺の奴僕の立場に身を置き、三宝と大衆に奉仕する行為で、第一回の時には臣下が皇帝を一億万銭で買い戻したという。他にも放生や布施を行い、行き過ぎた崇仏行為が梁の滅亡を招いたと評されている。自らの仏者的実践ばかりでなく、外国僧の翻訳を助け教学を盛んにした。代表的な学僧に光宅寺法雲《ほううん》（四六七〜五二九）、開善寺智蔵《ちぞう》（四五八〜五二二）、荘厳寺僧旻《びん》（四六七〜五二七）がおり、これを梁の三大法師という。ちなみに三経義疏のうち『法華義疏』は法雲の『法華義記』を主たる参考書としているし、また『勝鬘経義疏』は敦煌本（奈93・玉24）との類同性が指摘され、同一の祖本を参考書としているものとし、その著者は僧旻またはその門流ではないかといわれる。『維摩経義疏』も科文が智蔵の科文に近い（東京大学の井上光貞氏）と指摘されている。そうすると、三経義疏は主として梁の三大法師の教学に依拠していることになる。

百済の聖明王（聖王、？～五五四、在位五二三～五五四）の在位期間は、梁の武帝の在位の二一年目から二七年間重なり、武帝の没後五年まで及んでいる。この間聖明王は武帝と親交を結び、『三国史記』によると即位二年（五二四）武帝の冊命《さくめい》（王として任命）を受け、十二年（五三四）朝貢し、十九年（五四一）にも朝貢して毛詩博士・涅槃経などの経義を受け、工匠・画師などを派遣してもらい、二十七年（五四九）十月、侯景の乱のさなかの五月に武帝が没したことも知らずに使者を遣わし朝貢しようとした、と記されている。

聖明王が倭国へ仏教を公伝させたのは五三八年あるいは五五二年と伝えられる。前者によれば、武帝の在位中であり、『隋書』にも百済から倭国へ仏教が伝えられたことが記されている。いずれにしても、梁の仏教の高揚が百済を経て王室外交を通じて欽明天皇治下の倭国にまで伝えられたと見ることができる。ところが欽明天皇は仏教を直ちに受け入れることはせず、いったん蘇我氏が受け入れる形を取った。後に次の代の敏達天皇は、国神の怒りとの理由で、蘇我氏の仏教としても禁止させた。

聖徳太子の父と母は欽明天皇の子であると同時に蘇我稲目《そがのいなめ》の孫でもある（父は欽明天皇と稲目の娘堅塩姫《きたしひめ》の子である用明天皇であり、母は欽明天皇とやはり稲目の娘小姉君の子である穴穂部間人皇女《あなほべのはしひとのひめみこ》である）。こうした血のつながりがあってのことかと思われるが、摂政に就任した翌年には「三宝興隆」の詔を出したと『日本書紀』は伝える。これが事実であったかどうか、他に証拠づける文献は見あたらないが、後の造作であるとしても、武帝の破仏（五七四）の後に立った北周の宣帝が「三宝興隆」の詔を出し、旧沙門七人に正武殿を選んで行道させたことに倣うものであったのではないかと思われる。すると破仏の後の王室仏教の興隆を意味させるものであったであろう。

聖徳太子の仏教外交はこのような背景のもとに行われたものであったと思われる。大業三年（六〇七）、遣隋使小野妹子は煬帝に対して「菩薩の天子」と呼びかけたことが、国書の内容とともに仏教外交を意図したことを示しているように思われる。そして仏教における一乗思想・国家平等の理念に基づく外交を意図したものと思われるが、仏教思想よりも中華意識に優越性を認める煬帝の受け入れるところとならず、結局太子は倭国の摂政の地位からも事実上離れることになってしまったのではないかと考えられる。

こうして見てくると、聖徳太子という人は仏教を深く信奉していただけでなく、現実の国際政治の上にもそれを生かそうとした人ではなかったか。「冠位十二階」を制定して国内政治の整備を図ると同時に、外交の場において使者の位を同等のものとすることによって国際性を高め、

「十七条憲法」を制定して未開の部族国家から普遍的国家への脱皮を図った政治家と考えられよう。このような態度がさらに進んで王室外交を一歩進めて、仏教の平等思想に基づき、国家対等の立場に基づく王室外交を強国隋との間にも樹立しようとして、結局隋の煬帝の容れるところとならず、その一喝にあって蛮夷の対中華外交に転じた倭国にも容れられなかった。政治の現実に適合しなかった、理想に生きる仏教政治家として見られる存在であったのではないか。

大業三年から一一年後の三月、隋の煬帝は江都で殺され、五月、唐公李淵が唐を建国する。日本では、煬帝の横死から四年後に聖徳太子が亡くなる。そしてさらにその二一年後、太子の遺児山代（背）大兄王とその一族が蘇我入鹿《いるか》に攻められて斑鳩宮で没する。この悲劇の根本には太子の理想の挫折が原因としてあったのではないかと考えられる。

（東洋大学名誉教授）

凡例

本書は中公バックス版〈日本の名著〉2『聖徳太子』所収の「法華義疏」「十七条憲法」「上宮聖徳法王帝説」をもとにして編集したものである。

法華義疏

一、「法華義疏」底本には花山信勝校訳の『法華義疏』上・下（岩波文庫、昭和六―八年刊）を用い、同著『聖徳太子御製法華義疏の研究』を参照した。

一、本書の「法華義疏」は抄訳であり、太子の思想がより鮮明に現われていると思われる義疏を抄出し、それに対応する経文部分を現代語訳した（ただし、ページ数の関係で、「信解品」「安楽行品」など、一般に太子の思想を語るうえで、よく引かれる章でも割愛した場合もある）。

一、経文の現代語訳に際しては、義疏部分に関わる箇所を除いて、おおむね意訳し、その章全体の趣旨が把握できるようにつとめた。

一、原文との校合は松本照敬氏が担当した。

十七条憲法

一、「十七条憲法」底本には聖徳太子奉讃会発行の『聖徳太子憲法十七条』を用い、よみ方もそれに従い、坂本太郎・望月一憲・白井成允・佐伯定胤・岡田正之など、諸氏の研究を参照した。

上宮聖徳法王帝説

一、「上宮聖徳法王帝説」底本には花山信勝・家永三郎校訳の『上宮聖徳法王帝説』（岩波文庫、昭和十六年刊）をもちい、東寺本「聖徳太子全集」第三巻（『太子伝』上、昭和十八年刊）の中のものや、家永三郎著『上宮聖徳法王帝説の研究』（総論篇・各論篇、昭和二十六―二十八年刊）などを参照した。

一、原文では章節は分かれていないが、便宜上、五部に分け、「第一部」「第二部」……とした。

一、原文は複雑な過程を経て成立したと見られるので、人名はかなり異なる表記が用いられている。今回の現代語訳では、できるだけ、これを統一した。（例、聖徳太子――上宮聖徳法王・聖王・上宮王・大王・法主王・厩戸豊聡耳命・上宮厩戸豊聡耳命・等巳刀弥々乃弥己等など）

一、天皇名や人名は現在通用の名とし、年号は天皇の年（例、推古天皇六年）とし、適宜西暦その他を（）の中に補った。

法華義疏（抄）

早島鏡正訳

この注釈書は大和国の上宮王聖徳太子がみずから撰述したもので、海のかなたの書物ではない。

総序

『妙法蓮華経《みょうほうれんげ》』[1]という経典は、思うに、さとりに向かうあらゆる善をおさめとって、これをさとりを得るための一因となす実り豊かな田地であり、限りある寿命[2]を永遠の生命に転ずる不死の妙薬である。

釈迦如来がこの人間世界に出現された意義を述べるならば、まさしく、人びとにこの『妙法蓮華経』を説いて、あらゆる善がさとりの一因に帰するという道理を身につけ、無二の大いなる仏果を得させようと願われたからである。

しかしながら、人びとが過去世から積んできた善は微々たるものであり、かれらの心は無知であり、能力も愚かで劣り、五つのけがれがすぐれた教えを信ずる人となることを妨げ、六つの心の覆《おお》いが智慧の眼を覆っているから、これらの人びとは、直接、一乗教に説くところの因果の大理を聞く能力がないのである。それゆえに、釈迦如来は時宜にかなって、まず最初に、鹿野苑《ろくやおん》（ミガダーヤ。現在のサールナート）において、声聞《しょうもん》・縁覚《えんがく》・菩薩《ぼさつ》の三乗の教えをそれぞれ説き、人びとの求めに応じた教えによってかれらにさとりを得させたのである。それ以来、如来は無相の理を説いて、すべての人びとがこれを修めるようにすすめるとともに、ときにはまた中道《ちゅうどう》を説いて、それぞれの人を指導したのであるが、それでもなお各自の能力を考えて、三乗の教えによって仏果を得ることを説いて、人びとを仏道に入れるべく養育してこられたのである。

その結果、人びとは年月を経過するにしたがって、仏の教えを受けて修行したから、しだいにかれらの了解が深まって、如来が王舎城《おうしゃじょう》（ラージャグリハ。釈尊当時のマガダ国の首都）で説法したもうたとき、一大乗の教えを聞くに適する心を起こすにいたり、③ここではじめて、如来がこの世に出現したもうた大いなるみこころにかなうこととなった。そこで、如来はあらゆる徳性を具《そな》えた身体を動かし、みずから口を開いて、あらゆる善がさとりの一果に帰するという理〈万善同帰の理〉を説き明かし、もって無二の大いなる仏果〈莫二の大果〉を人びとに体得させせられたのである。

「妙法」というのは、原語で薩達磨《さつだるま》（サッダルマ）という。そのうち、「妙」というのは、粗雑を絶ったという意味のことばであり、「法」というのは、この経に説くところの、あらゆる善が一因となってさとりの一果を得る教えのことである。すなわち、この経に説く一因によって一果を得るという一乗の教えは、かつてその昔に、さとりの因と果に関して粗雑なものを説いたところの、声聞・縁覚・菩薩の三乗の教えに比べて、はるかに超えてすぐれているから、「妙」と呼ぶのである。

「蓮華」というのは、原語で分陀利《ふんだり》（プンダリーカ）という。この花の性質は、花と実が同時に実《な》ることである。そのように、この経も原因と結果が同時に成立することを明らかにしており、それは蓮《はす》の花と同じ意味をもっているから、蓮華が譬《たと》えに用いられているのである。

「経」というのは聖教の一般的な名称であり、仏のことばをたたえる呼称である。しかしながら、「経」というのは漢語であって、原語は修多羅《しゅたら》（スートラ）という。「経」の意味は、「法」または「常」という。聖人の教えというものは、時代や民俗がどんなに移り変わっても、また賢人がつぎつぎと世に出ても、その教えの是非を改めることができないから、「常」といい、人びとにとって守るべき軌範となるものであるから「法」という。

ところで、経典の題目というものは、名づけられた理由が必ずしも同じではない。ある経典はただ単に教理を題名としたり、また単に譬えを題名としたりしている。ある経典は教理と譬えをならべて題名とするものもあり、ただ単に人名を題名とするものもあり、また人名と教理をならべて題名としているものもある。いま、この経は上に「妙法」といって「法」をとり挙げ、下に「蓮華」といって、「譬え」をとり挙げている。そして、「法」と「譬え」を二つならべて題名とするから「妙法蓮華」というのである。この題名の原語を完全に記すならば、薩達磨分陁利修多羅（サッダルマ・プンダリーカ・スートラ）というべきである。

（1）姚秦代に中国に来たクッチャ国の僧鳩摩羅什（略して羅什ともいう）が四〇六年に訳した七巻本の『法華経』。太子の依用した『妙法蓮華経』は現行の二十八品の経ではなくて、「提婆達多品」を欠いた二十七品のものである。漢訳にはこのほかに、竺法護の訳した『正法華経』十巻（二八六）と、闍那崛多らの訳した『添品妙法蓮華経』七巻（六〇一）がある。またチベット訳およびサンスクリット原典の諸本があるが、いまは省略する。くわしくは、岩波文庫『法華経』上の解説の項を参照。

（2）原文は「七百の近寿」とある。一三六ページ注（3）参照。

（3）総序のはじめから「妙法」の語義解釈の前までは、法雲の『法華義記』の文とほぼ同じであるが、法雲の文章よりも太子のそれのほうがより勝れており、とくに「一大乗機」（一大乗の教えを聞くに適する心）ということばは太子の用語で、草稿本には「一」の文字を傍書後加している（岩波文庫、花山信勝訳『法華義疏』上、註記二）。

序品第一

このように〈如是〉、わたくしは聞いた〈我聞〉。あるとき〈一時〉、仏は王舎城の耆闍崛山《ぎじゃくっせん》に止住して、一万二千人の修行僧の大集団といっしょにおられた。これらの修行僧は、みな阿羅《あら》漢《かん》の位を得、もろもろのけがれを滅ぼし、自由自在の境地に達していた。また慈悲《いつくしみ》の徳を身につけ、仏の智慧に達した八万人の求道者〈菩薩《ぼさつ》〉たち、および帝釈天《たいしゃくてん》をはじめとする天子・竜王その部下たちも、説法の場につらなっていた。

そのとき、仏は、このもろもろの求道者のために『無量義、求道者を教える教法、仏に護念せられる教え』と名づける大乗経を説きたもうた。

仏はこの経を説きおわって、結跏趺坐《けっかふざ》し、無量義処三昧《むりょうぎしょざんまい》と呼ぶ瞑想《めいそう》に入って、身も心も不動の境地に入られた。このとき、天は曼陀羅華《まんだらげ》・曼殊沙華《まんじゅしゃげ》といった花を雨と降らし、仏の世界は六種に震動した。

そのとき、大群衆は未曽有《みぞう》のことであると思い、歓喜し、合掌して仏を見守っていた。そのとき、仏は、眉間《みけん》の白毫《びゃくごう》より光明《こうみょう》を放って、東方一万八千の世界を照らされた。その光明は、下は無間地獄より上は有頂天《うちょうてん》にいたるまで、あまねく輝きわたった。

この世界において、六つの迷いの世界に住む生けるものたちが見えた。またそれらの世界に住む諸仏が見え、諸仏の説く教えも聞こえた。そのうえ、もろもろの修行僧や尼僧や男女の在家信者たちが、さまざまな修行によって仏道をさとるありさまが見えた。また求道者たちが、種々の因縁により、種々に信じ了解することにより、そして種々のいとなみによって求道者の道を実践するのが見えた。また諸仏が肉体を捨てて入滅されるすがたも見えた。また入滅された諸仏の舎利（遺骨）を供養《くよう》するために、七宝《しっぽう》の塔が建てられているのが見えた。

そのとき、求道者弥勒《みろく》（マイトレーヤ）はこのように考えた。

「いま、世尊は神通力を現わされた。どういうわけで、この奇瑞《きずい》を示されたのだろうか。いま、世尊は瞑想に入られた。そして、このような不思議な、世にもめずらしいことを示されたのは、いったい、なになのだろうか。このことを誰に問うたらよいであろうか。誰がそれに答えてくれるであろうか」

説法の場にいた修行僧をはじめとする多くの人びとも、すべて同じ思いを起こしたことである。

そのとき、求道者弥勒は自分の疑いを解決したいと思い、また他のすべての者たちの心を見抜いて、求道者文殊師利《もんじゅしり》（マンジュシュリー）に向かってこのように問うた。

「どういうわけで、神通力によってこうした奇瑞を現わされたのであろうか。仏は大光明を放って東方の一万八千の仏の国土を照らしたもうたので、それらすべての仏国土の美しいしつらいを見ることができたが、それはなぜなのだろうか」

そのとき、文殊師利は、弥勒をはじめとして他のすぐれた求道者たちに向かって、このように答えた。

「立派な人たちよ、わたくしの考えるところでは、いま、世尊はすぐれた教えを説き、すぐれた教えの雨を降らし、すぐれた教えの螺貝《かい》を吹き、すぐれた教えの鼓《つづみ》を打ち、すぐれた教えの意義を述べようとしておられるのだ。

立派な人たちよ、過去世において、わたくしは仏たちのところで、このような奇瑞を見たことがあるが、仏たちは光明を放ったあとですぐれた教えをお説きになられた。そこで、思い知られることだが、いま、世尊が光明を放たれたのも、またそれと同様である。世のすべての人びとにとって信じがたい教えを人びとに聞かせ、そしてさとらせようと願って、このような奇瑞を現わされたのであろう。

立派な人たちよ、計り知ることもできない久遠《くおん》の昔、日月灯明《にちがつとうみょう》と名づける仏が世に出られた。その説かれた教えは初めもよく、中ほどもよく、終わりもよかった。その教えの意義は深遠であり、またその説く言葉は巧みで、純粋で雑り気がなく、完全無欠で、清浄であり、そして清らかな行ないを修めることを説かれた。仏の肉声を聞いてさとりを得るという声聞の教えを求める者たちには、かれらにふさわしい『四つの聖なる真実』という教説を説いて、生《しょう》・老・病・死の苦しみから脱して、涅槃《ねはん》の安らぎを得させた。また、みずからさとりを得るという縁覚の教えを求める者たちには、かれらにふさわしい『十二因縁《いんねん》』という教説（世界・人生が十二の条件によって関係づけられて成立しているという教え）を説き、また大乗の教えを求める求道者たちには、かれらにふさわしい『六つの完成』という教説を説いて、かれらがこの上ない正しいさとりを得て、全知者の智慧に達するように導かれた。

そのつぎにまた仏が世に出られ、同じく日月灯明という名であった。そのつぎにまた仏があり、同じく日月灯明という名であった。このようにして二万人の仏が出られたが、いずれも同じく日月灯明仏と名づけられた。その最後の仏がまだ出家《しゅつけ》されないときに、八人の王子がいた。かれらは有意《うい》・善意《ぜんに》・無量意・宝意・増意・除疑意《じょぎい》・響意《こうい》、および法意と名づけられていた。これら八人の王子は神通力を具えていて、四大世界を領有していた。王子たちは、父が出家してこの上ない正しいさとりを開いたということを聞いて、いずれも王位を捨てて出家し、大乗の教えを求めるこころを起こし、清らかな行ないを修めて真理の教えを説く師となった。そして、一千万の仏のもとでもろもろの善の根本を積んだ。

このとき日月灯明仏は、『無量義、求道者を教える教法、仏に護念せられる教え』と名づける大乗経を説きたもうた。この経を説きおわって、修行僧たちの大集団の中で結跏趺坐し、無量義処三昧と名づける瞑想に入り、身も心も不動の境地に入られた。そのとき、天は曼陀羅華・曼殊沙華といった花を雨と降らし、仏の世界は六種に震動した。

そのとき、大群衆は未曽有のことであると思い、歓喜し、合掌して仏を見守っていた。そのとき、仏は、眉間の白毫より光明を放って、東方一万八千の世界を照らされた。その光明はあまねく輝きわたった。弥勒よ、それはいま見るこの仏国土とまったく同じであった。

そのとき、会衆の中に二十億の求道者たちがいて、仏の教えを聞きたいと願った。これらの求道者は、この光明があまねく仏国土に輝きわたったのを見て、未曽有のことであると思い、まずこの光明が照らし出されたわけを聞きたいと思った。

そのとき、妙光《みょうこう》と名づける求道者がいた。かれは八百人の弟子をもっていた。日月灯明仏は瞑想の座から立ち上がって、求道者妙光のために、『正しい教えの白蓮華、求道者を教える教法、仏に護念せられる教え』と名づける大乗経を説きたまい、その間六十小劫《こう》という長い年月がたつまで、説法の座を立たなかった。そのときの聴聞者たちもまた、同じように同じ場所に坐ったまま、六十小劫の期間、身も心も不動で、仏の説法に耳を傾けた。しかもその期間は、あたかも昼食をとるわずかな時間のように思えたほどであった。だから、会衆の中の誰一人として、身体や心に疲労・倦怠を生ずる者はいなかった。

日月灯明仏は、六十小劫にわたって、この経を説きつづけてから、会衆に向かってこのように告げたもうた。『今夜、真夜中に、如来はこの肉身を捨てて入滅するであろう』と。

そのとき、徳蔵《とくぞう》と名づける求道者がいた。日月灯明仏は、求道者徳蔵が仏となることを確約して、修行僧たちに向かって、『この求道者徳蔵は、次生《じしょう》に仏となるであろう。かれは浄身と名づける人格完成者、供養をうける人、正しいさとりを得た人と呼ばれよう』と告げたもうた。

この確約を与えてから、仏はその真夜中に、身心のけがれをあますところなく滅した安らぎに入られた。このようにして、仏が入滅されたのち、求道者妙光は『妙法蓮華経』を受持し、八十小劫の期間にわたって、この経を人びとのために説いた。日月灯明仏の八人の王子はみな、妙光を師とした。妙光は、この王子たちを教化して、この上ない正しいさとりを得させるために、道心堅固の者たらしめた。王子たちは、百千万億という無数の仏を供養して、それぞれ仏道を完成して仏となった。かれらのうちで、最後に仏となった者が燃灯仏である。妙光の八百人の弟子の中で、求名《ぐみょう》と名づける者がいた。かれは名利に執着し、また多くの経を読誦《どくじゅ》しても理解できず、忘失するばかりなので、求名と名づけられたのである。しかしながら、求名はもろもろの善の根本を積んだおかげで、百千万億という無数の仏に会うことができ、それらの仏たちを供養し、敬い、尊び、たたえた。

弥勒よ、まさに知るがよい。そのときの求道者妙光こそほかならぬこのわたくしであったのだ。そして、求道者求名はおまえ自身であったのだ。いま、この奇瑞を拝見するとき、過去において示されたとおりである。このことから推察して、今日の如来もまた、まさしく『正しい教えの白蓮華、求道者を教える教法、仏に護念せられる教え』と名づける大乗経を説こうとしておられるのであろう」と。

説法の場

第一に、「このように〈如是《にょぜ》〉」というのは、いろいろに解釈できる。しかしながら、ここでは一説によって解釈しよう。二つのものがあい似ていることを「如」といい、一つであってまったく異なることのないのを「是」という。それゆえに、経文を「如」といい、経文によって示される理を「是」という。その意味は、如来はたぐいまれな八種の音声《おんじょう》(1)を出して、直接この経を説かれ、これを仏弟子阿難《あなん》がふつうの人間の肉声による言葉で伝えた。そのため、口で語るということは同じであっても、如来の金口《こんく》と阿難の肉口《にっく》との区別が存在するし、また、音声という点では似ているけれども、如来の八種と阿難の一種との不同が存在する。それゆえに、経文に関して「如」というのである。しかしながら、経において説くところの理は同じ一乗の教えであって、他の異説がないから、理に関して「是」というのである。「わたくしは聞いた〈我聞《がもん》〉」というのは、阿難がみずから、「わたくしは仏から直接聞きました」と述べているわけで、この経が阿難の自作ではないということである。

第二に、「あるとき〈一時〉」というのは、如来と聴聞の人びととの心があい応じたときに仏が教えを説きたもうのであるから、その教えは人びとのために役立つものであり、それゆえに、この経を後の世に伝えるべきであるという意味をもつ。

第三に、説法の場所と同席して聴聞した人びととの二事を挙げて、その二つの意味を明らかにしているのは、「わたくしは聞いた」といった場合に、「聞く」については必ず聞く場所がある。だから、仏が王舎城の耆闍崛山《ぎじゃくつせん》(2)にいらっしゃったときに、わたくしがこの経を聞いた、といっているのである。「王舎城」については他の注釈書には広く説かれているが、ここでは省略する。「耆闍崛」はインドの山で、霊鷲山《りょうじゅせん》と翻訳する。その由来は、この山の頂《いただき》が霊鷲鳥の啄《くちばし》に似ているからであるという。

「一万二千人の修行僧の大集団と」より以下は、そのとき同席して聴聞した人びとを挙げて、証《あかし》としている。その意味は、このような人たちがいっしょに教えを聞いていたのならば、その教えが必ず偽りでないという証となるからである。

序文の組織

およそ、教えを説くには、まず聴聞の人びとを集めねばならない。それゆえに、序文の順序として、第一に「教えを聞く人びとの集まり」を説く。人びとが集まれば、如来は種々の奇瑞を現わして、それを仰ぎ見させ、教えを受け入れる心構えを熟させてから説かねばならない。それゆえに、第二に「奇瑞を現わす文」を説く。奇瑞のすがたを見おわると、人びとに疑念が生ずる。それゆえに、第三に「疑念を述べる文」を説く。疑念が生ずれば質問せずにはおれなくなる。それゆえに、第四に「質問を発する文」を説く。質問が発せられると、当然それに答えねばならない。それゆえに、第五に「文殊が弥勒たちの質問に答える文」を説く。

奇瑞を現わしたもうた意味

第一の「教えを聞く人びとの集まり」については、経文に当たって知るがよい。

第二の「奇瑞を現わす文」を二つに分ける。第一に、奇瑞をこの世界において現わす。第二に、「そのとき、仏は、眉間の白毫《びゃくごう》より光明を放って」より以下は、奇瑞を他の世界において現わす。第一の「奇瑞をこの国土において現わす」部分をさらに五つに分ける。第一に、『無量義経』[3]について説明する。第二に、「仏はこの経を説きおわって」より以下は、瞑想に入ることを現わす。第三に、「このとき、天は」より以下は、花の雨を現わす。第四に、大地が六種に震動することを現わす。第五に、人びとが奇瑞を見て歓喜することを現わす。

『無量義経』と題する意味について、二つの解釈がある。第一の解釈によれば、この経は数限りない善がさとりの一果に帰して、すべての人が仏となるという意義を説明するから『無量義経』と名づける。ただし、この経と『法華経』との相違を述べれば、『法華経』では声聞・縁覚の二乗という区別もなく、また声聞・縁覚・菩薩の三乗という区別もなく、すべてこれらの教えは同じ一乗の教えに帰入すると説くけれども、『無量義経』ではあらゆる善が同一のさとりを実現して、人びとを仏たらしめるという一乗の因果だけを説いて、二乗の区別も三乗の区別もないとは語っていない。しかしながら、いまここでは、一乗の因果の道理を説明しようとしているから、さしあたって『無量義経』を説いて、『法華経』を説く序とするのである。第二の解釈によれば、この『無量義経』は空《くう》の道理を明らかにして、かたよった見解や思慮を絶つべきであるという意味を説いているから、『無量義経』と名づけるのである。

これら二つの解釈は、いずれも認めてよいであろう。

ただ疑問に思えることは、『無量義経』において、二乗や三乗の区別がなく、すべては一乗に帰するということを説いていないけれども、すでにあらゆる善が同一のさとりに帰すると説いている以上、『法華経』の内容と異なったものではないであろう。そうであるならば、『法華経』によって『法華経』の序を述べているようなもので、道理に合わない。また『無量義経』が空の道理を明らかにしている点について考えてみても、『法華経』の本旨があらゆる善は同一のさとりを実現することに帰するということであるから、空の道理を説く経典をもって『法華経』が説かれるための序とすることはよろしくない。いま、いえることは、「大乗経の中に『無量義』と名づける経があって、『法華経』が説かれるための序となっている」という程度のことであろう。

『無量義経』に説く教えが、この『法華経』の中に明らかに示されていないから、それを明瞭に説明することはできない。前に述べた範囲を出ないであろう。

第二に、なぜ如来が瞑想に入ることを示したかといえば、あらゆる善が原因となって同一のさとりの結果をもたらすという道理を説明するためであった。とはいっても、如来はすでに時間的には過去・未来・現在の三世を見通し、また空間的には存在と非存在の二つを智慧によって観察しているから、ことさら瞑想に入ることを示す必要はなかったのであるが、ただ、まだ学ぶべきことのある人たちにたいして、第一にはかれらが教法を重んじ、理法を尊び、教えを説くのに散漫心でしないようにと願われ、そして、第二には弥勒をして問いを起こさせ、文殊をしてそれに答えさせて、『法華経』を説くための段取りにしようと思って、如来は瞑想に入ることを現わしたのである。

第三に、如来が花の雨を降らしたというのは、花があれば必ず実があることを知らせて、善が修められるならば必ず仏となることができる道理をさとらせようと願ったからである。

第四に、大地が六種に震動することを現わしたのは、縁ある人たちがいっしょに集まって、あらゆる善が一因となってさとりの一果を得るという教えを説き聞かせたいと願ったからである。

また一説によれば、六道《ろくどう》に輪廻《りんね》する者でも、善を修め行なう者はみな仏となることができるということを示すために、六種の大地震動を現わしたのである。

第五に、人びとが奇瑞を見て歓喜することを現わしたのは、人びとが如来の示した奇瑞を見たとき、「この奇瑞はなんの意味もなく現われるものではない。きっと、理由があるにちがいない」と、内心、喜びを生じたから、その状況を説示したのである。

「そのとき、仏は、眉間の白毫より光明を放って」より以下は、「奇瑞を現わす文」の第二、「奇瑞を他の世界において現わす」ことを述べる。これを二つに分ける。第一に、他の世界を現わすために、如来はまず光明を放ちたもうたことを説く。第二に、「この世界において」より以下は、まさしく光明によって照らし出されたものがらについて説く。

「眉間の白毫より光明を放って」というのは、あらゆる善が一因となってさとりの一果を得るという中道の理を、このことによって表わそうとしているのである。ただ、東方の世界についてだけ述べているのは、一つの方角を挙げれば、他の三方がおのずから現われるからである。また、一説ではこのように解釈している。「一因が一果となる道理を表わそうとして、東方という一つの方角だけを挙げたのである」と。『本義』[4]によれば、「東方のもろもろの世界に向けて放たれた光明は、当然、われわれの住む人間世界をも照らしている。それゆえに、この光明によって、人間世界には六つのことがらが照らし出されている」と述べている。しかしながら、いまはこの解釈を採らない。なぜならば、およそ光明の照らすところは、彼《か》の土《ど》と此の土の区別はないからである。それゆえに、後に説く偈《げ》[5]（詩句）の中にも、彼の土と此の土がともに用いられている。しかも、経文の意味から考えても、如来が光明を放つ必要性は、遠方にあるものを照らすためであり、また経文において説き明かす順序の適切さから考えても、光明は他方の世界を照らすものである。それゆえに、『本義』の解釈を採らないのである。

第二の「まさしく光明によって照らし出されたものがらを現わす」文の中に、七つのものがらが示されているから、この文は七つに分けられる。第一は、六つの輪廻の世界、つまり六道における生けるものたちを見ること。第二は、諸仏を見たてまつること。第三は、諸仏の説法を聞くこと。第四は、声聞・縁覚の二乗の人びとの修行するさまを見ること。第五は、大乗の求道者の修行するさまを見ること。第六は、諸仏の入滅したもうさまを見ること。第七は、仏舎利を供養する[6]さまを見ること。これらの七つのものがらは、すべて如来の光明によって見ることができるのである。

過去の仏も『法華経』を説く

「そのとき、文殊師利は、弥勒をはじめとして他のすぐれた求道者たちに向かって、このように答えた」より以下は、第五の「文殊が弥勒たちの質問に答える文」である。

この文について、三つの問答で考察しよう。

第一の問答。

問うていう。「今日、釈迦仏のときは、求道者弥勒が問いを発して、求道者文殊がそれに答えている。この事例によって考えると、過去の灯明仏のときも、当然、問う人と答える人があるべきなのに、ここでは、なぜそのことに関する説明がないのであるか」と。答えていう。「灯明仏のとき、問いに答えるべき人は求道者妙光である。灯明仏のときの妙光と現在の釈迦仏のときの文殊とは、本経において同一人物であると語られている。しかしながら、灯明仏のときの求道者徳蔵と現在の弥勒とは同一人物でないから、過去の灯明仏のときにおける問う人と答える人の両者が、ここではっきり示されないわけである」と。思うに、この答えは十分な説明とはいえない。なぜならば、すでに述べたように、現在の釈迦仏にまみえたことと、過去の灯明仏にまみえたこととが、七つのことがらに関して「まったく同じ状態である」[7]と考えられるから、過去の灯明仏の八人の王子は、現在における釈迦仏の実子羅睺羅《らごら》（ラーフラ）[8]に相当すると言ってよいではないか。この場合、名前も身体もそれぞれ異なっているけれども、意味の上であい似ているから、八人の王子と羅睺羅の関係が「まったく同じ状態である」というのである。したがって、

「過去の徳蔵と現在の弥勒とは同一人物でないから、過去の灯明仏のときにおける問う人と答える人との両者をはっきり示さないのである」と、どうしてそのようにいえようか。

そこで、ある学者はこのように解釈している。「二種の過誤がともなうから、はっきり示さないのである。なぜならば、もしも灯明仏のときの問う人と答える人の両者を明示するならば、現在の釈迦仏のときにおける問う人弥勒と、答える人文殊は、ただ過去における人たちの問答をくりかえすだけとなってしまう。そうなると、求道者文殊にとってみずからよく答える人としての名誉もなくなり、また求道者弥勒にとってみずからよく問う人としての功績もなくなってしまうであろう。この二種のさまたげが生ずるから、はっきり示さないのである」と。思うに、この答えも十分な説明とは言えない。なぜならば、文殊に関しては、そのように言われもしよう。だが、弥勒の問いに関しては、それが文殊の答える以前に発せられているから、「弥勒にとって問う人としての功績がなくなる」といって、弥勒が低く評価される必要はないからである。そのようなわけで、これまで完全な解釈のあることを聞いていない。ただ、わたしが考えるには、弥勒が低く評価される必要はないといっても、文殊にとってさまたげがあるからして、灯明仏のときの答える人に関してはっきり述べようとしなかったのであろう。そうであるならば、問う人に関してもまた、はっきり述べる必要はないであろう。もしも灯明仏のときの問う人に関してはっきり述べるとすれば、本経の説法を聞いている多くの人びとは、「弥勒はこの説法をすでに聞いておりながら、いまわざと、くわしく質問したのではなかろうか」と疑いの念を生ずることであろう。

第二の問答。問うていう。「そのむかし、灯明仏は、次生《じしょう》に仏となるべき求道者徳蔵に向かって説かずに、求道者妙光にたいして『法華経』を説かれた。いま、釈迦仏は求道者文殊に向かって説かずに、次生に仏となるべき求道者弥勒とおよび舎利弗《しゃりほつ》（シャーリプトラ）⑨にたいして（二九ページ参照）『法華経』を説かれた。そうであるならば、さきに述べた『仏がその者のために経を説くところの人について、過去のときも現在のときもまったく同じ状態である』という解釈⑩は、どうして成立するであろうか。また、過去において灯明仏は妙光にたいして教えを説き、かれに命じてその教えを弘《ひろ》めさせたのに、いまの釈迦仏は弥勒とおよび舎利弗にたいして教えを説き、べつに求道者薬王《やくおう》に命じてその教えを弘めさせたのである。そうであるならば、さきに述べた『仏の教えを聞いた人に命じて、教えを弘めさせることは、過去のときも現在のときもまったく同じ状態である』という解釈⑪は、どうして成立するであろうか」と。

答えていう。「ここにいう『まったく同じ状態である』というのは、名前と身体が同一であるから『まったく同じ状態である』というのではない。仏の教えを聞く人と仏の教えを弘める人と仏との関係が、過去のときも現在のときもあい似ているという点をとり挙げて、『まったく同じ状態である』というのである。つまり、さきに述べた『過去の灯明仏の八子は、現在における釈迦仏の実子羅睺羅に相当するといってよいではないか』ということである」と。

第三の問答。問うていう。「灯明仏のときは、まず『法華経』を説き、説きおわってから仏が入滅するであろうと告げ、そのあとで、徳蔵に向かってかれが仏となることを確約なされた。ところが、いまの釈迦仏は、まず弥勒に向かってかれが仏となることを確約なされ、その確約が終わってから『法華経』を説き、説きおわってから仏が入滅するであろうと告げられた。この相違をどのように解釈すればよいであろうか」と。

答えていう。「灯明仏と釈迦仏の本心をうかがい知ることはむずかしい。おそらく、教化するのにふさわしい方法によられたためであろう。灯明仏の場合も釈迦仏の場合も、それぞれ各自理由があったにちがいない。決して無根拠のものではなかったのである」と。

（1）仏の声に八種類のすぐれた特質のあることをいう。すなわち、⑴極好音（聞く者をして仏道に引き入れる妙なる音声）、⑵柔軟音（やさしくおだやかな音声）、⑶和適音（調和のある和らいだ優雅な音声）、⑷尊慧音（聞く者をして智慧を体得させる音声）、⑸不女音（男性的で畏敬の念を起こさせる音声）、⑹不誤音（聞く者をして正しい見解を抱かせるあやまちのない音声）、⑺深遠音（深遠な道理をさとらせる音声）、⑻不竭音（聞く者をして尽きることなくさとらせる明瞭な音声）の八つをいう。

（2）王舎城はマガダ国の首都、原名をラージャグリハ（現在、ラージギルと呼ぶ）という。釈尊在世時代、ガンジス河より北、ヒマラヤを望む地域一帯を占めたコーサラ国（首都は舎衛城）とならんで、マガダ国はインドの文化・経済を握った強国の一つであった。釈尊はこの二つの大国の間を往復し、それぞれの首都の近くに止住して教化につとめた。このことは、釈尊の仏教が新しい時代をつくり出す精神的原動力として、大衆に迎えられていたことを意味する。王舎城の近郊東北方に、灌木林で覆われた耆闍崛（グリドラクータ、「鷲の峰」の意味）と名づける山がある。『法華経』では訳して霊《りょう》鷲山《じゅせん》と呼んでいる。山頂に岩石が屹立していて、そのすがたが鷲または鷲の嘴《くちばし》に似ているから、あるいは鷲がたくさんそこに住んでいるから、霊鷲山といわれるという。山頂には数百人の人びとが集合できる程度の広場があり、僧院の址が残っている。現在、霊鷲山に登る坂道を「ビンビサーラ道」と称し、頂上の手前に釈尊がそこで瞑想したという石窟がある。山頂に立つと、旧および新王城の址や、数多くの仏教やジャイナ教などの遺跡が眼前に展開し、いまもなお釈尊がこの山で説法しつづけているという「常在霊鷲山」のことばが、ひしと実感される。

（3）蕭斉、曇摩伽陀耶舎の訳（四八一）。古来、『法華経』の開経（序説としてあらかじめ説かれた経）といわれるが、訳語の不統一、文体の中国臭、内容などからみて、この経は中国で撰述されたという意見が強い。

（4）太子は『法華経』を注釈するに当たって、梁代の三大法師の一人である光宅寺法雲（四六七〜五二九）の注釈書『法華義記』を主として参照・引文した。その際、法雲の注釈書を「本義」「本釈」「本疏」などと呼んでいるが、花山氏の研究（前掲書）によれば、「本義」として引用または是非した数は六十九回に及ぶという。

（5）釈尊が光明を放ってもろもろの世界を照らされた状況を見て、弥勒菩薩がそのことを詩句に詠んだ部分を指す。「眉間光明　照于東方　万八千土　皆如金色……受報好醜　於此悉見」（岩波文庫『法華経』上、二四ページ）の文のうち、「東方万八千土」が「彼の土」であり、「此」が「此の土」に相当する。

（6）西紀前後から興った大乗仏教の運動は、釈尊の精神をその時代・社会に回復することを目指したものであった。大乗仏教の運動を支えた者は、保守・伝統の従来の教団を否定した在家信者とそれに共鳴した出家者たちであり、いずれも菩薩すなわち求道者と称した。かれらの大半は、最初のころ、釈尊の遺骨（仏舎利）を安置した仏塔を中心として集まり、文芸的構想のもとに新しい仏典をつぎつぎに編集していった。『法華経』はその代表的なものの一つである。ここでいう仏舎利を供養するということは、大乗仏教徒たちにとって日常の宗教生活であり、その功徳は大なるものとされていた。現在、南方仏教の国々においては、大乗の側から保守・伝統の仏教と呼ばれる小乗仏教が一貫して信奉されているが、その特色とするところは釈尊一仏の信仰である。菩提樹および涅槃像とならんで、仏塔にたいする信仰の厚いことは、日本の仏教徒の想像以上である。小乗仏教における仏舎利供養に関する対論については、『ミリンダ王の問い』Ⅰ（平凡社、東洋文庫、二八一～二九二ページ）参照。

（7）「まったく同じ状態である」という義疏のことばは「応同」である。経文「時有菩薩名曰妙光……求名菩薩汝身是也」（岩波文庫『法華経』上、四六～五二ページ）の部分を、太子は義疏において、⑴仏がその者のために経を説くところの人、⑵説き示される経の名まえ、⑶六十小劫という経を説く期間、⑷仏が入滅するであろうと告げること、⑸成仏の確約を与えること、⑹実際に入滅したこと、⑺仏の教えを聞いた人に命じて教えを弘めさせること、という七つのことがらに分け、過去の日月灯明仏のときと現在の釈迦仏のときとを一貫して、いずれもあい対応しているとして、「七事、応に同じかるべきことを明かす」と述べている。

（8）釈尊の出家前に生まれた実子。十大弟子の一人で、密行第一といわれる。釈尊がさとりを開いたのち、はじめて帰城したとき、九歳であった羅睺羅は、舎利弗のもとで出家した。出家生活の容易でなかったかれは、父釈尊からしばしば励まされた。たとえば『スッタニパータ』に収められる「ラーフラと名づける経」をみると、子を思う父の情愛の深いことが知られる。

（9）サーリプッタともいう。舎利子とも書く。十大弟子の一人で、智慧第一と称せられる。王舎城外に住むバラモンの子に生まれ、六師外道の一人サンジャヤの弟子となったが、友人の目連をさそって、サンジャヤの徒二五〇人とともに釈尊に帰依した。のちに、釈尊の代行をつとめたが、仏陀の入滅に先立って死んだ。

（10）注（7）に示した「七つのことがら」の(1)の項を指す。

（11）注（7）に示した「七つのことがら」の(7)の項を指す。

方便品第二

そのとき、世尊は、瞑想の座から静かに立ち上がり、舎利弗《しゃりほつ》に告げたもうた。

「諸仏の智慧ははなはだ深遠であり、無量である。その智慧の教えは理解しがたく入りがたく、いっさいの声聞や縁覚にとって知ることのできないものである。なぜならば、かつて諸仏は、百千万億という無数の仏たちに近づき、その説くところの無量の修行を実行し、勇猛精進の結果、それぞれ名声があまねく世に知られ、そして甚深《じんじん》にして未曽有の法を体得して、これを人や場所に適応して説かれたから、人びとが諸仏のこころをさとることはむずかしいという理由による。

舎利弗よ、わたくしは仏になって以来、種々の因縁、種々の譬喩《ひゆ》によって、広く教えを説き、無数の方便（てだて）をもって人びとを導き、もろもろの執着から離れさせた。それは、如来が方便と、ものごとをありのままに知見する智慧の眼をすでに具《そな》えているからである。舎利弗よ、如来の智慧は広大であり、深遠であり、無量であって、説法において滞りなく、力に満ち、畏《おそ》れなく、禅定《ぜんじょう》を修めることにすぐれ、煩悩《ぼんのう》から自由であり、よく心の統一ができ、さとりの世界に入っているという、誰ひとり体得したことのないこれらの特性をすべてその身においで完成している。舎利弗よ、如来は種々にものごとを明らかに識別し、巧みにもろもろの教法を説き、そのことばは和《やわ》らいでおり、人びとの心を喜ばせる。

舎利弗よ、もうやめよう。これ以上説明することはできない。なぜならば、仏がその身に完成したものは、第一のもの、たぐいまれなもの、人びとにとって理解しがたいものだからである。そして、ただ仏と仏のみが、存在のありのままのすがた〈諸法実相〉を究めつくすことができるからである。すなわち、あらゆる存在するものは、このような相をしたものである、このような性のものである、このような体のものである、このような力のあるものである、このような作用のあるものである、このような直接原因をもつものである、このような間接原因をもつものである、このような結果をもつものである、このような報いをもつものである、と知って、ついに本と末が一つのものであるということを究めつくすのである」

そして、世尊は重ねてこの意味を述べるために、つぎの偈《げ》を説かれた。

「いかなる者も、仏のことを推量することはできない、なぜならば、神々と人間をはじめとしてすべての生けるものたちのうちで、仏を知ることのできる者はいないからである。

このような大果報として得られたさとりについての、本質や特質の意味を、わたくしも十方の諸仏もみなよく知っている。だが、このさとりの教えを示すことはできない。なぜならば、これを示す言葉がないからである。

人びとの中で、この教えを理解できる者はいない。ただ、信ずる力の堅固な求道者たちを除いてはほかにないのである。諸仏の弟子たちのうちで、かつて諸仏を供養して、すべての煩悩のけがれがなくなり、そして輪廻の生存における最後の身となった聖者たちでさえ、理解する力がないのである。

新たに発心した求道者たちが、無数の仏を供養し、仏たちの教えの意味をよくさとり、また巧みに教えを説くことができ、そしてかれらが稲や麻や竹や葦《あし》が密生するように十方の国土に充ち満ちて、一心にすぐれた智慧を働かせ、かつガンジス河の砂のごとき無数の劫という長年月において、ことごとくみな、思量しあっても、仏の智慧を知ることはできない。ガンジス河の砂のように数多い、不退の位にあるもろもろの求道者たちが、一心に思求しあっても、みな、知ることはできないであろう」

また、舎利弗に告げたもうた。

「けがれなく清らかで、思いはかることができず、その意味がきわめて深遠ですぐれた教えを、わたくしはいま、すでに身につけることができた。ただわたくしだけが、この教えの特質を知っている。十方の仏たちもまた同様である。舎利弗よ、そなたは知るべきである。諸仏のことばに偽りはない。仏たちの説く教えを聞いて、大いなる信心を起こせ。世尊は、教えを長い間説いた後で、必ず真実を説くであろう。もろもろの声聞たちと縁覚乗を求める者に告げよう。わたくしが人びとを苦しみの束縛から脱れさせ、涅槃のさとりを得させたのは、方便の力によって三乗教を説き、あれこれのことがらに執着している人びとを迷いから引き出して、のがれさせようとしたためなのだ」

そのとき、大衆の中の声聞たち、煩悩のけがれを滅ぼした阿羅漢たち、阿若憍陳如《あにゃきょうじんにょ》（アージュナータ・カウンディヌヤ）などの千二百人と、および声聞乗と縁覚乗の心を起こした修行僧・尼僧、男女の在家信者たちがいて、各自、このように考えた。

「いま、世尊は何ゆえに、ねんごろに方便の教えをたたえて、『仏がさとったところの真理の教えは、きわめて深遠で理解しがたく、説かれたことばの意味も理解しがたいところがあり、あらゆる声聞や縁覚の人たちの及ぶところではない』などといわれたのであろう。『すべての者は同一の解脱《げだつ》を得る』と世尊は説かれたから、われらもまた、この教えによって、さとりを得たのである。ところがいまになって、この教えは方便であるといわれる意味がわからない」

そのとき、舎利弗はすべての出家者と在家信者の心中の疑念を知り、自分もまた、かれらが疑っていることがらが了解できなかったので、仏に向かってこのように尋ねた。

「世尊よ、どういうわけで、仏たちが第一の方便とするところの、きわめて深遠ですぐれており、かつ人びとにとって理解しがたい教えをねんごろにたたえるのですか。わたくしは昔からこのかた、いまだかつて、仏からこのような教えを聞いたことがありません。いま、出家者と在家信者たちはことごとく疑いを抱いております。願わくは世尊よ、このことを説明してください」

そして、舎利弗は重ねてこの意味を明らかにしようとして、偈を詠《よ》んでこう言った。

「太陽のごとき智慧を具える偉大な聖者世尊は、長い時間を経てからこの教えを説かれた。このことはどういうことなのか。仏よ、どうか解説してください。声聞たちの中で、わたくしが第一人者であると、仏は説きたもうた。わたくしはいま、自分の智慧では疑惑を起こしてさとることができず、『これが究極の教えであろうか、これが実践すべき道であろうか』

と迷っています。仏の口から生まれたところの仏弟子たちは、合掌して仏を仰ぎ見ております。仏よ、どうか妙《たえ》なる音声《おんじょう》を出して、ありのままにお説きください。ガンジス河の砂の数ほどもいる、神々・竜神たち、仏のさとりを求める八万の求道者たち、さらに、万億の国土にいる転輪聖王《てんりんじょうおう》たちまでが合掌し、尊敬の心をもって、世尊から完全な教えを聞こうと願っています」

そのとき、世尊は舎利弗に告げたもうた。

「やめよ、やめよ。舎利弗よ、そのわけを説くことはできない。もしもこのことを説いたならば、すべての世間の神々や人びとはみな、驚き疑うであろうから」といわれた。

そのとき、舎利弗は重ねて偈を詠んでこう言った。

「この上なく尊い両足尊《りょうぞくそん》（二足の生類のうち最尊の者）よ、なにとぞ第一の教えをお説きください。この座にある無数の人びとは、その教えを信じ、尊重することができます。仏は、すでに前世において、かれらを教化したもうたのですから。かれらはみな、一心に合掌して、仏のおことばを聴こうとしています。教えを聞いたならば、大いに歓喜するでしょう」

そのとき、世尊は舎利弗に告げたもうた。

「おまえはすでに三度もねんごろに教えを請うた。どうして説かずにおれようか。舎利弗よ、いまこそ、はっきりと聴き、よく考えるがよい。わたくしはいま、おまえのために、筋道をたてて解説しよう」

世尊がこういわれたとき、この集まりの中にいた五千人の修行僧・尼僧、男女の在家信者たちが座から立ち上がり、仏を礼拝して退出して行った。それはなぜかというと、この者たちの罪の根性が深く重く、また高慢であって、まだ得ていないのに得たと思い、まださとっていないのにさとったと思いこんでいる。こういう過ちを犯しているから、そのためにかれらは出て行ったのである。世尊は黙然としてことばを発せず、かれらを制止なさらなかった。そして、舎利弗に告げたもうた。

「いま、この集まりには枝葉に類する者はなく、信心にあつい者だけになった。舎利弗よ、あのような高慢な者たちが退出して、かえってよかった。さあ舎利弗よ、よく聴きなさい、おまえのために教えを説こう」

舎利弗は「かしこまりました。世尊よ、お聞きしたいと思います」と答えた。

仏は舎利弗に告げたもうた。

「このようなすぐれた教えを、たまたま、もろもろの仏たちがお説きになることは、優曇華《うどんげ》の花が三千年に一度現われるようなものである。舎利弗よ、おまえたちは仏の説く教えを信ぜよ。

仏のことばに虚妄《こもう》はないからである。舎利弗よ、仏たちが人や場所に適応して説いたところの教えの意味を理解することはむずかしいのだ。なぜならば、わたくしは無数の方便とさまざまの因縁と譬喩《たとえ》と言辞《ことば》とをもって教えを説くのであるが、この教えは人びとの考えや判断によって理解できないものであって、ただ仏だけがよくこれを知っているからである。そのわけは、もろもろの仏たちは、ただ一大事の因縁によってのみ、この世に出現されるからである。

舎利弗よ、なぜもろもろの仏たちは、ただ一大事の因縁によってのみ、この世に出現されるのであろうか。

それは、仏たちは人びとに仏の智慧を開き示して、それをさとらせ、その中に入れようとして、この世に出現されるからである」

仏は舎利弗に告げたもうた。

「もろもろの仏たちはただ、求道者だけを教化の対象とする。そして、仏たちの行為のすべては、つねにただ一つのことのためである。それは、ただ仏の智慧を人びとに示して、それをさとらせるためである。舎利弗よ、如来はただ一仏乗の立場において、人びとに教えを説くのである。二乗あるいは三乗の教えによるのではない。

舎利弗よ、あらゆる十方の諸仏の教えもまた、そのとおりである。

舎利弗よ、過去の諸仏も、そのとおりである。
舎利弗よ、未来の諸仏も、そのとおりである。
舎利弗よ、現在の十方の無量百千万億という仏国土にいる諸仏も、そのとおりである。
舎利弗よ、わたしもまた、いま、そのとおりである。

また、舎利弗よ、このもろもろの修行僧や尼僧の中で、みずから、すでに阿羅漢のさとりを得たとか、この身体が輪廻の生存における最後のものであるとか、あるいは究極の涅槃を得たとかと思いこんで、この上ない正しいさとりを求める心を起こさない者がいるならば、この者たちはみな、高慢な人間である。なぜならば、修行僧の中において、真に阿羅漢を得た者で、この教えを信じないという道理がないからである。ただし、仏がこの世を去られて、眼前に見たてまつる仏がおられないときは別である。それはなぜかというと、仏が入滅した後の時代に、このような経典を受持し、読誦して、その意味をさとる者は得がたいからである。しかしながら、そういう場合でも、他の仏に出会ったならば、この教えをさとることができるであろう。舎利弗よ、おまえたちは一心に信じ了解して、仏のことばを受持しなさい。もろもろの仏たちのことばには、虚妄はないのである。他の教えはなく、ただ一仏乗の教えだけがあるのである」

そのとき、世尊は、重ねてこの意味を述べようとして、偈を説きたもうた。

「修行僧・尼僧、男女の在家信者で高慢な心の者たちがいた。だが、仏の威徳によって説法の座から立ち去った。もろもろの仏たちは無量の方便力をもって、人びとのために教えを説かれた。わたくしもまた、方便を設けて、仏の智慧に入らせようとした。しかしながら、『おまえたちは仏となるであろう』ということを、いまだかつてわたくしは説かなかった。それは、説く時期がまだ来ていなかったからである。今日、その好機がやってきた。まさに大乗教を説こう。

もしもわたくしが、人びとに出会って、すべての者たちに仏道を教えたならば、無智の者は心が錯乱し、混迷のあまり、教えをうけつけないであろう。かれらは五つの感官の対象にとらわれて、正しい教えを聞くことができない。このような者たちは救いようがないのである。

それゆえに、舎利弗よ、わたくしは方便を設けて、もろもろの楽しみをなくす道を説き、苦滅は涅槃であると教えた。わたくしは、涅槃という語によってさとりを説いたが、これは真のさとりではない。すべて存在するものは、本来、つねにおのずから寂滅の相《すがた》のものだからである。仏の子たちはこの道を修行するならば、来世に仏となるであろう。

過去の数知れない仏たちも、一乗の教えを説いて、無数の人びとを教化して、仏道に入らしめられた。

また、もろもろの偉大な聖主である仏たちは、さまざまの異なった方便を用いて、第一義であるさとりの理を説き明かされた。

未来のもろもろの仏たちも、同様に方便を用いて、教えを説くであろう。

いっさいのもろもろの如来は、数限りない方便をもって、あらゆる人びとを救って、仏のけがれない智慧を体得させるであろう。

もしも教えを聞く者があれば、一人として仏にならない者はないであろう。

もろもろの仏・両足尊は、教法は常に無性《むしょう》のものと知り、仏種は縁によって起こると知る。このゆえに、かれらは一乗の教えを説くであろう。この教法は法位に住して、世間の相も常住である。仏のさとりを開いた菩提樹下においてこのことをさとって、導師は方便をもって説くであろう。

現在の十方の仏たちは、人びとを安穏にするために、同様にこの教えを説かれる。そして、第一の寂滅を知り、方便力によって種々の道を示すけれども、その実は、仏乗を説き明かすためである。

いまのわたくしもまた、同様である。人びとを安穏ならしめるために、種々の説法によって、仏道を説き示す。舎利弗よ、まさに知るがよい。能力が鈍く智慧の劣った人と、ものごとに執着しておごりたかぶる者とは、この教えを信ずることができない。いま、わたくしは喜び、畏れるところなく、求道者たちの中において、ためらうことなく方便を捨てて、ただこの上ないさとりの道だけを説く。求道者はこの教えを聞いて、みな疑いの心を除き、千二百人の阿羅漢もまた、ことごとく仏となるであろう。

舎利弗よ、諸仏の教えはこのようであり、万億の方便によって、それぞれの人に適応して教えを説くのだと知れ。このことを学ばない者にとっては、それをさとることができない。だが、おまえたちは、すでに、もろもろの仏たちが、人に適応して説くところの方便の教えを知っている。したがって、おまえたちはもはや疑念を離れ、大いに喜ぶならば、みずから仏となるであろうと知れ」

本章の位置

この第二章から第十六章「分別功徳品」の「このような人たちは、このことについて疑問はないであろう」[1]というところまで、前後十四章半にわたる経文は、この経における第二の正説《しょうせつ》の部分である。この章で明らかにしようとしていることは、『法華経』が説かれるにいたる以前の三乗教は、方便の教えであって、真実を説き明かすものではない、ということである。この意味において、この章を「方便品」というのである。

さてこの章が「昔の三乗教は方便である」ということと、「今の一乗教が真実である」ということを並列して説くならば、まさに「方便実相品」と名づけられるべきであろう。どうして、「方便[2]」のことばだけをとり出して章名とするのであろうか。そのわけは、章名を制定したのは経典の編集者の意図によるものであって、如来のことばではない。そうであるのに、編集者が「方便」のことばだけをもって章名としたのは、一乗教は昔はあらわに説かれなかったけれども、もともと、真実を説く教えなのである。この一乗教は昔も今も同一であって、ここに改変を加える必要はない。ただ、かつて以前に説かれた三乗教は、そのとき「方便」の教えであるとは名づけられずに、「真実」の教えといわれていた。しかしながら、いま、この『法華経』において、三乗教は「真実の教えではなかった」というむねを顕示するがゆえに、この章を「方便品」というのである。けれども、くわしく章名をつけるとするならば、「方便実相品」というべきであろう。ただ、「実相」のことばを省略して、「方便品」と名づけられたのである。

正説の部分を大きく二つに分ける。

第一に、この章から第十三章「安楽行品」までの十二章は、仏のさとりを得る原因が一つであること〈因一〉の意味を説明する。

第二に、第十四章「従地涌出品」から第十六章「分別功徳品」の中の「このような人たちは、このことについて疑問はないであろう」に終わるまでの、二章半の経文は、仏のさとりは永遠のものであること〈果義長遠〉の意味を説明する。

第一の、さとりを得る原因が一つであるという説明を、四つに分ける。

第一に、この章のはじめから「あれこれのことがらに執着している人びとを迷いから引き出して、のがれさせようとしたためなのだ」の偈までは、方便の教えとしての三乗教を開いて、真実の教えである一乗教をあらわにし、そして、三乗教に固執していた人びとの心を転じて、なぜ一乗教に向かわねばならないかという疑問心をかれらに起こさせるということを簡明に説明する。

第二に、「そのとき、大衆の中の声聞たち」から「教えを聞いたならば、大いに歓喜するでしょう」までは、人びとが疑いをいだいて、真実の教えである一乗教を聞きたいと請うことを述べる。

第三に、「そのとき、世尊は舎利弗に告げたもうた」から第九章「授学無学人記品」にいたるまでの七章半の経文は、方便の教えとしての三乗教を開いて、真実の教えである一乗教をあらわにし、人びとの疑いを解消して、かれらに信心を生ぜしめるということをくわしく説明する。第四に、第十章「法師品」より第十三章「安楽行品」までの四章は、仏のさとりを得る原因を特別に説きひろめる。

権・実二智について

第一の、説明する部分を二つに分ける。

この章のはじめから、「ただわたくしだけが、この教えの特質を知っている。十方の仏たちもまた同様である」というところまでは、第一に、略説するために、まず仏たちがもっている権智《ごんち》（方便の智慧）と実智《じっち》（真実の智慧）の二つをたたえる。第二に、「舎利弗よ、そなたは知るべきである」より以下、「のがれさせようとしたためなのだ」までの偈は、まさしく略説する理由を述べている。

まず諸仏の具えている二智をたたえるというのは、かつて『法華経』以前に説かれた、さとりを得る原因としての三乗の教えと、それぞれの教えを因として得られる三つの果〈三因三果〉は、みな権智の働きによるものであり、いま、『法華経』で説くところの一乗教と、それによって得られる仏のさとりの果〈一因一果〉は、実智の働きによるものである。それだから、二智は働きを及ぼす主体であり、三因三果と一因一果とは、二智の働きを受ける客体である。ここでは、そうした客体について説明しようとするから、まずもって、客体に働きを及ぼす主体としての権・実二智をたたえるのである。そこで、経には「この二智はきわめて深遠微妙なものであるから、三乗教と一乗教を説き示すことができるのである[3]」と述べている。さらに、人びとに疑問を起こさせて、「世尊よ、どういうわけで、かくもねんごろに、権・実二智をほめたたえられるのですか。その深きみこころを聞きたいのです[4]」と、人びとに仏の説法を請わせるのである。

いま、二智の名称・意義を説明すれば、権智を方便智ともいい、そして実智を智慧ともいう。「方便」とは、善い働き、てだてという意味で、智慧の本質にもとづいて名づけたものである。なぜならば、このような神聖な智慧は、おのずから善い働きという能力を具えているから、方便というのである。「権」というのは、仮《かり》のもの、暫《しばし》という意味で、智慧が働く対象によって名づけたものである。なぜならば、このような神聖な智慧は、仮のてだてとなっている対象を観察するから、権智というのである。

「智慧」というのは照らし見る働きを意味し、智慧の本質にもとづいて名づけたものである。なぜならば、このような神聖な智慧は、おのずから万人を照らし見る能力を具えているから、智慧というのである。「実」というのは、つまびらかでまことであるという意味である。この場合もまた、その智慧がはたらく対象によって名づけたものである。なぜならば、このような神聖な智慧は、つまびらかでまことの対象を照らし出すから、実智というのである。

しかしながら、この四智を根本的な立場で考えたならば、つねに一つの神聖な智慧であって、べつべつのものではない。ただ、智慧がはたらく対象や意味にしたがって考えるから、四智という区別があるだけである。

権・実二智に関する四つの問答のうち、
第四の問答について

問いを発していう。「教と理が必ず相即して存在することは、この世の常道である。はるかに真実の理を論ずる立場からいえば、権の三教はそのまま実の一教である。ゆえに、三教の道理を明らかにするということに関しては、論ずる必要はない。ただ疑問が生ずるのは、『本来、三教は存在するものか。それとも、本来、一教のものであるのか』ということである。すなわち、もしも、本来、三教というものは存在せず、ただ一教のものであって、人びとを教化するために三教が説かれたというのであれば、本来、教えの内容としての理に三理がないといっても、結局、三理があるということになる。どうして、三理はないといえようか」と。

答えていう。「ところがそうではないのである（三理はない）。教えには本来、三教がないといっても、ことばによって説かれるから、三教があるということができる。しかしながら、理は、今と昔と立場が異なっても、それは一つの理であって異なったものではない。たとえていえば、ここに一本の柱があって、ある教えでは、これを架《か》（たな）であるといい、ある教えでは、これを梁《りょう》（はり）であるという。架という言葉は梁ということばと異なり、梁ということばは架ということばと異なっている。だから、教えからすれば、三種のことばがあるといわれるけれども、柱の本体は不動・不移であって、一つの同じ柱である。このように、理には三理がないといえるのである」と。

釈迦の二智をたたえるうち、
実智をたたえる

釈迦の二智をたたえるうち、第二にことばをやめて実智をたたえる。ことばをやめて実智をたたえるというのは、人びとは昔、権智による教えを聞き、これこそ真実の教えであると固執しているから、今日、説き明かすところの実智の教えを聞いても、おそらく信じることができないであろう。だから、仏はことばをやめて、ただ実智をたたえることに終始するのである。

実智をたたえる文を三つに分ける。第一に、ただちにことばをやめたわけを述べる。第三に「諸法実相」より以下は、二智によって観察される対象を述べる。

（第一に、）「もうやめよう。これ以上説明することはできない」というのは、ことばではいいあらわすことができないから、「やめよう」というのである。これはいかなる否定のことばでも説明できないし、またわれわれの心作用が止滅してしまったものであり、ことばによる表現の道が断《た》たれたものであるから、「やめよう」というのである。[5]

第二に、ことばを発することをやめるわけは、この実智の理は諸仏と釈迦仏とのみが、よく究めつくされるところのものであって、その他の、まだ仏果を得ない求道者にとっては、理解できることではないから、「これ以上説明することはできない」というのである。経文には、「まだ仏果を得ない求道者たちは、理解できる分際のものではない」とは述べていない。けれども、「ただ、仏と仏のみが、存在のありのままのすがた〈諸法実相〉を究めつくすことができるからである」と経文にいわれているから、その他の人びとにとっては、理解することができないのである。このことは、あとに出る偈のことばによって、さらに明らかとなろう。

問うていう。「さきに、ことばによって諸仏の二智をたたえたなかで、それはもっぱら二乗の者の知ることのできない智慧であるとしてたたえたのに、いまここでは、ことばをやめてたたえるなかで、まだ仏果を得ない求道者たちは、理解できる分際のものではないと述べて、二智をたたえた理由は、どういうわけであるのか」と。

答えていう。「はじめの文では、この二智は深妙であって知りがたいものであるといっているが、そのことをことばで示しているから、人びとが知りたいと希求する心のよりどころがあるということになる。それゆえに、二乗の者は理解できないが、求道者たる菩薩は理解できないとは述べなかったのである。これは、浅い智慧から深い智慧へとしだいに進めて、仏の二智の甚深微妙ないわれを結論づけようと欲するゆえに、仏はこのような方法で示したのである」と。

第三には、実智によって観察される対象を述べる。その意味は、実智自体が、深妙であって知りがたいものというだけではなく、実智によって観察される対象もまた深妙なもので理解しがたいということである。ところが、この実智によって理解しがたい対象を観察する、というのであるから観察智である実智が、同じく、深妙なものでまた理解しがたいものであることは、自然に了解されるであろう。

「諸法実相」[6]というのは、実智によって観察される対象、つまり、あらゆる存在するもののありのままのすがたをいう。これは、第二章の教旨を示すことばである。「すなわち」より以下は、第二章の教旨を解釈する。それには九つの句がある。それらの句の意味は、実智がこのようなもろもろの対象を観察するから、実智は深妙でことばでは表わしつくせないというのである。『本義』によれば、「諸法」というのは権智によって観察される対象をいい、三三の対象（教三・機三・人三）のうちの教三をいう。「実相」というのは四一の対象（教一・理一・機一・人一）のうちの理一をいう。九句を三分して、はじめの五句は、「あらゆる存在するもの〈諸法〉」の教旨を解釈し、「このような直接原因」より以下の四句は、「ありのままのすがた〈実相〉」の教旨を解釈し、「ついに本と末が一つのものであると究めつくすのである」の一句は、右の二つの教旨を結論づけるのである。「本」というのは、はじめの「このような相をしたものである〈如是相〉」をさし、「末」というのは、「このような作用のあるものである〈如是作〉」という後の句をさす。これは権智を明かす教旨の結論である。「一つのものであると究めつくす」というのは、一因一果をいうものであって、実相の教旨を結論づけることばである、と述べている。

およそ、経文を解釈することが詳細であり、かつまた煩雑で多岐にわたっているから、この『本義』の解釈のごときは、とうていわたくしには了解しがたい。(7) それゆえに、もらさず説明することはしない。省略して記す次第である。

重ねて釈迦の二智をたたえる偈について

「新たに発心した求道者たち」というのは、三乗のうちの菩薩乗の者たちと、初心以上の者で第六地以下の求道者はみな、これにあたる。「不退の位にあるもろもろの求道者」というのは、第七地以上の求道者、および第八地から第十地の法雲《ほううん》地の者はみなその地位から退転しない不退の位にある求道者である。初心以上の者で第六地以下の求道者が、新たに発心した求道者たちであると説明することは、適当でない。だが、かれらが如来の実智の理を体得することができない点においては同様であるから、「新たに発心した求道者」と称するのである。しかしながら、実質からいえば、「新たに発心した求道者」は、三乗のうちの、凡夫の求道者ともいうべきであろう。また、第八地以上第十の法雲地に至る求道者が、どうして実智の理を理解しえないのかといえば、それはただ、かれらの智慧が如来の深い智慧に及ばないから、「みな、知ることはできないであろう」というのである。

『本義』によれば、「新たに発心した求道者」というのは、ただ三乗の中の、凡夫の求道者をいう。「不退の位にある求道者」というのは、初地から第六地までの求道者をいう、と述べている。その説を是認することもできようが、ただ、そう考えると、「ただ仏と仏のみが、存在のありのままのすがたを究めつくすのである」ということばが、十分理解できなくなるのである。そのうえ、経文にはすでに「不退の位にある求道者」と説かれている。そうであるならば、初心から第七地までの求道者までも、三種の不退の位にあるという名を受けねばならなくなる。それなのに、どうして不退の位の者は第六地までの求道者と限られようか。もしも『本義』に述べるように、「新たに発心した求道者は、凡夫の求道者である」というのは、内凡《ないぼん》をも含めているのであろうか。もし外凡《げぼん》だけをいうならば、三乗の中の求道者は、十信の位の者に限られ、それより高次の十住の位と十行《ぎょう》の位と十回向《えこう》の位に属する者、すなわち内凡の三十心地の求道者を省略して含めないことになる。

ただし、この経文について、つぎの疑問が生じよう。「さきに、『ただ、信ずる力の堅固な求道者たちを除いては』といっているのに、そのあとで、どうして『不退の位にある求道者たちもまた、知ることができないであろう』というのであろうか」[8]と。この疑問に答えるならば、「さきに『信ずる力の堅固な求道者たちを除いては』といったのは、教えを仰ぎ信ずる点から論ずれば、求道者は凡夫よりすぐれているからである。しかしながら、ここでは、教えを理解し体得する点から論ずるのであるから、『不退の位にある求道者たちも、みな、知ることができない』というのである」と。

三乗教を信ずる人びとの固執を開除して、
すべての教えが真実の一乗教におさまることを顕示する

「舎利弗よ、そなたは知るべきである」より以下「のがれさせようとしたためなのだ」までの偈は、略して三乗教を開示して一乗教を顕示し、三乗教に執着していた心を揺り動かして、疑いを起こさせるのである。そのうち、二つに分けられる。第一に、「必ず真実を説くであろう」までの偈は、諸仏に託して一乗教を顕示することを略説し、もって人びとに三乗教にたいする疑いを起こさせる。第二に、「もろもろの声聞たちと縁覚乗を求める者に告げよう」より以下の偈は、釈尊によって三乗教を顕示することを略説し、もって三乗教に執着していた心を揺り動かす。

そこで、一乗教を顕示するには諸仏の語により、三乗教を開除するには釈尊の語によるというが、その理由に二つある。一つには、仏のこころに従わせようと思うからであり、二つには、人びとの信・不信のこころを忖度《そんたく》するからである。

一つに、仏のこころに従わせようと思うということは、そもそも、いま、説き明かすところの『法華経』の要旨は、これより以前に説かれた三乗教を廃して、人びとにいまの一乗教を得させたいと願うことにあるからである。しかし、人びとの心は三乗教に執着すること堅く、おそらく一乗教を信ずることはできないであろう。そこで、諸仏に託して、「今日の一乗教は、わたくし、釈尊だけが独自に説いているのではなくて、三世の諸仏もみな同じ考えであるから、はやく一乗教を受け取りなさい」という意味である。三乗教はその説くところの理が真実のものでないからして、もしも人びとが一乗教を信じえたときには、三乗教はおのずと信じられず廃されてしまう。そうした意味で、釈尊によって三乗教が開除されたというのである。

二つに、人びとの信・不信のこころを忖度《そんたく》するというのは、もしも、三乗教を廃することをすすめるときに、諸仏の語として述べれば、人びとは必ずつぎの疑いの心を起こすであろう。「われわれは三乗教を真実の教えであると固執して、今日に至ったが、それは久しい期間であった。しかしながら、まだ一度も、それを廃せよと教えた人はいなかった。もしもこの三乗教が、実際、そのように廃さねばならないような理を説くものであるならば、諸仏はこぞって廃せよと説かれたはずである。何ゆえに、これまで、だれ一人として、廃するようにすすめられなかったのか」と。このように疑って、容易に信じようとしないであろう。だから、諸仏の語を引用しなかったのである。

一乗を取れ、とすすめることは、ただ今の説法に始まるものであって、まだ日数を経ていないから、人びとのなかで疑う者がないのである。それゆえに、諸仏のことばを引用したのである。

また、さきに一乗教を顕示し、そののちに三乗教を開除したわけは、人びとが三乗教の真実を主張してそれに執着して以来、久しい期間にわたるので、急に「それを廃しなさい」と告げることはできない。そこで、「一乗教を第一のものとして信じなさい」とまずすすめるのである。この場合、つぎの疑問が当然生ずるであろう。すなわち、「その昔、釈尊は三乗教を第一のものとして信じなさいと教えられたのに、どうして、いままた、第一のものがあるのだろう」と。仏はそれにただちに答えて、「その昔、三乗教を第一の教えであるといったわけは、人びとを教化するためのてだてとして、わたくしが三乗教を説いたのである。だから、それはここで廃すべきである」といって、順序を追って説明しようと思うから、このように説いたのである。意味がないわけではないのである。

また、三乗教を開除するにあたって、二乗の人びとのみを対象にして説いているのは、二乗の人びとは、その昔、教化せねばならない者たちであったことと、また三乗教に対する執着が堅固であったから、二乗の人びとのみをとり挙げたのである。

仏は人びとの上・中・下の能力に応じて教化する

「そのとき、世尊は舎利弗に告げたもうた」より以下は、さとりを得る原因が一つであるという説明のうちの第三の部分である。これは、広く方便の教えである三乗教を開除して、真実の教えである一乗教を顕示し、人びとの疑いを解消して、かれらに信心を生ぜしめる一段である。これを三つに分ける。

第一に、「そのとき、世尊は舎利弗に告げたもうた」より第三章「譬喩品」の「仏にまみえた功徳の、それらすべてを仏道の完成のためにふりむけよう」（七六ページ）までは、理法によって広く三乗教を開除して一乗教を顕示し、もって能力のもっともすぐれた上根の人を教化する。

第二に、「そのとき、舎利弗は仏にこう願った」より第六章「授記品」（『義疏』には第五章「薬草喩品」とする）の終わりまでは、譬喩によって広く三乗教を開除して一乗教を顕示し、もって能力の中程度の人を教化する。

第三に、第七章「化城喩品」より第九章「授学無学人記品」の終わりまでは、過去世から今までの因縁を明らかにして、ひろく三乗教を開除して一乗教を顕示し、もって能力の劣った人を教化する。

このように、三段に分けた理由を述べよう。そもそも、このようにひろく説こうとするのは、もとより如来のすぐれた考えによるのであるが、直接には、人びとが如来に説法することを請うたことにもとづく。なぜならば、さきに略説した中で、仏は略説しようと思って、まず諸仏および釈迦の権・実二智の甚深微妙なることをたたえ、そのあとで「昔の三乗教は方便であった。今こそ真実の教えを説こう」といって、略説されたのである。そこで人びとは、疑問をいだき、釈尊に請うた。「世尊よ、どうして、方便の教えをねんごろにたたえるのですか」と。あるいは、「どうして、昔の三乗教は方便であり、またどうしていまの一乗教が真実であると申されるのですか」と。そこで、この第三のひろく説明する文によって、人びとの請いに答えるのである。

前述の、「昔の三乗教は方便である」といったわけは理についていえば、三乗と一乗の区別はないのであるが、ただ人びとを教化するために三乗の立場で説いたのである。それゆえに、「昔の三乗教は方便である」といったのである。「真実」というのは、今日の一乗教をいう。この一乗教は実《まこと》であって虚偽のものではないから、真実と称するのである。

また、この三乗教をさきに述べ、一乗教をあとで述べるというのは、人びとの教えを受け入れる能力に応じているからである。それゆえに、このような説き方はいたずらに設けられたものではないのである。したがって、「どうして一乗教を説かなかったか」と疑ってはならない。また、三乗教をさきに説いて、一乗教をあとで説くということができるのは、如来の権・実二智の働きによるのである。それゆえに、ねんごろに如来の権・実二智をたたえたのである。また、人を教化するために権・実二智を用いて、三乗教をさきに説いて一乗教をあとで説くということは、釈尊一人だけではなく、五仏⑨もまた同様であった。だから、前述したように諸仏の権・実二智をもたたえたのである。

能力のもっともすぐれた上根人が説法の座から退出しても、これを制止されなかった理由

経文をよく読むと、それから知られることとは、説法の座に集まっていた聴衆のうちで、五千人の修行僧・在家信者は、自己への過信という罪業のために、勝手にその場から退出し、他方、如来は、じっと黙ったまま、かれらの退出をとどめなかったという点である。それゆえに、如来の神通力（超人間的な力）によって退去させたということがどうしていえようか、まったくいえないのである。

そもそも如来は、神通力によって人びとの願いを起こさせる人といわれているのに、どうしてまだ発心しない人びとに向かって、道を求める心を起こさせないで、ただ迷った状態にしておくのであろうか。その理由について答えれば、道を求める心の発動が、かれらにまだ起こらないからである。心の発動がかれらに起こったことがわかれば、如来はかれらに教えて信ずるように導くのである。そこで疑問があろう。「もしそうであるならば、人が道を求める心を起こすのは、

その人の心の発動が根本であって、教えを説く如来のほうにあるのではない。だから、どうして仏の神通力によって、退出させたといえようか」と。

それについては、このように解釈できよう。人びとの心の発動が起こりはじめても如来の神通力がこれを助けて力を加えなければ、すぐには発動できない。だから、仏の神通力によってかれらを退去させたといえるのである。

また、つぎの問いも生じよう。すなわち、「人びとが如来の説法の座にいたとしても、如来がかれらに教えを聞かすまいと思えば、如来の神通力によって、かれらの耳を聞こえなくし、目を見えなくしてしまうことができる。それゆえに、如来はどうして、わざわざかれらを退去させるような苦労をするだろうか」と。

その理由について解釈すれば、およそ聖者の行ないには、直接・間接の原因のないものはないのである。だから、この場合は、退去させることがかえって人びとの利益になるであろうと判断したから、そうされたのである。足を挙げるも下《お》ろすも、すべて仏のさとりの世界から行なわれるのである。[10]

三乗教を開除して一乗教を顕示すること（開三顕一）は、
諸仏の共通の精神である

五仏（十方諸仏・過去諸仏・未来諸仏・現在諸仏・釈迦仏）における開三顕一は、すべてつぎの六つの意味によって解釈される。六つの意味とは、第一は、教法のすぐれてまれなことをたたえる。第二は、仏のことばの虚妄《こもう》でないことをたたえる。第三は、三乗教を開除する〈開三〉。第四は、一乗教を顕示する〈顕一〉。第五は、五つのけがれある世の中の人びとを教化するために、はじめに三乗教を説き、あとで一乗教を説く〈前三後一〉。第六は、真と偽を明らかに区別して、人びとに信をすすめる。その理由は、五仏はみな、この六つの意味をつねに説くからである。

しかしながら、この六つの意味は、第三の「開三」と第四の「顕一」の意味を中心としており、それ以外の、第一の「教法のすぐれてまれなことをたたえる」、第二の「仏のことばの虚妄でないことをたたえる」、第五の「五つのけがれある世の中の人びとを教化するために、はじめに三乗教を説き、あとで一乗教を説く」、第六の「真と偽を明らかに区別して、人びとに信をすすめる」という四つの意味は、みな「開三」と「顕一」の意味をさとらせるために述べられたものであるから、中心の説ではない。そして、これらの六つの意味は、ここに述べられる五仏の説法の中に具わっている場合もあるし、また具わっていない場合もあるが、全体としてみれば、どの仏も共通に具えているのである。ただ、それぞれの仏の説法中に、それらが互いに述べられているだけである。

さきに略して述べたところでは、「人」に関しては諸仏と釈尊を挙げ、「法」に関しては、開三と顕一の二つの意味だけを説明した。いま、ここでは、「人」に関しては、五仏をことごとく挙げ、「法」に関しては、六つの意味をみな顕《あら》わして説くのである。それゆえに、ここで広く説くことと、さきに略して説いたこととの道理は、おのずから明らかに知られよう。

方便の意味

「舎利弗よ、おまえたちは仏の説く教えを信ぜよ」より以下は、第二に「仏のことばの虚妄でないことをたたえる」部分である。虚妄でないことをたたえるといわれるわけは、人びとが、三乗教に固執してそれを真実の教えであるととりちがえ、おそらく今日説き明かす一因一果の説を信じないであろうと知って、そのために仏のことばの虚妄でないことをたたえるのである。

問いを設けていう。「理に関していえば、もともと三乗教という三つの教えの区別は存在しない。それなのに、三乗教があるというならば、どうして虚妄でないといえようか」と。それに解答していう。「そもそも虚妄というのは、善でないものを善といい、悪でないものを悪といって、人をそこなおうとするのを虚妄という。しかしながら、如来が三でないものを三だといって説くけれども、それはただ、人びとの利益を願ってのことであるから、これを仏のてだてとしての働き、つまり方便というのである。どうして仏のことばに虚妄があろうか」と。

四つの「一」によって真実を説く

さきに、略して経の本旨を明かすところで、「まさに真実を説くであろう」と仏がいわれたのは、いまここで四つの「一」、すなわち一大事の因縁という「果一」、求道者だけを教化するという「人一」、さとりを得る原因は一つであるという「因一」、真実の教えは一つであるという「教一」を説明し、そのことによって人びとの発した「なにが真実ですか」の問いに答えられるのである。また、四つの「一」を説かれたのも、如来が具えている実智の働きにもとづくものであったから、そこで人びとの発した「世尊はなぜ、ねんごろに、諸仏の実智をたたえるのですか」の問いに答えられるのである。

そして、ここで一段を区切ってこれより以前の文はただ諸仏の「開三」と「顕一」を説明しているだけであるが、いま、この経文のこころを推察してみると、「開三」を説明するのに「わたくしは無数の方便とさまざまの因縁と譬喩《たとえ》と言辞《ことば》をもって」と述べ、また「顕一」を説明するのに、釈尊の出世の一大事を明らかにし、さらに「教一」を説明するのに、諸仏の説法を引用して説明しているのだから、とりもなおさず、釈尊の「開三」と「顕一」を説明しているといえよう。これは諸仏のさとりが同じ一道のものだからである。ではあるが、実際には、諸仏の「開三」と「顕一」として述べられているのである。

ここで、四つの「一」を説明するならば、「因一」と「果一」は同一の理であるから、相即の「即」の意味で「一」というのであって、会入《えにゅう》の「会」の意味で「一」とするのではない。しかしながら、「人一」と「教一」は、その名のもつ意味がそれぞれ異なっているし、また昔は小乗教で今は大乗教であるから、「即」の意味で「一」とするのではなく、「会」の意味で「一」というのである。したがって、同じ「一」といっても、「一」という意味が同じではないのである。

問うていう。『因一』と『果一』の理が同一であるというのは、そのとおりであろう。『人一』と『教一』のうちで、小乗の人と教についても、いわれる通りに信ずることができよう。ただ疑問となるのは、大乗の人と教とは、昔も大であり、今も大であるから、『二を会入して一に帰す』と言うべきであって、『三を会入して一に帰す』とはいうべきでない」と。

答えていう。「昔はただ慈・悲・喜・捨の四無量心と布施《ふせ》・持戒・忍辱《にんにく》・精進・禅定・智慧の六度の教を大教と呼び、よろずの善が成仏《じょうぶつ》の因となるという教を大教とは言わなかった。人についても、大教を実践する人を大乗人と呼んだけれども、かれらの理解したところを論ずるならば、昔はよろずの善が成仏の因となるということを知らなかったから、三乗教の区別をなくすことができなかった。だから、大乗の人と教とは、いずれも大ではあるけれども、なおここで三乗教を会入して一乗教とするのである」と。

また問うていう。「さきの経の本旨を明かすところで、『三三の境（対象）』といったのは、人の三と教の三と機の三とであった。どうしてここでは、ただ人の三と教の三を会入するだけで、三の機を会入しないのであるか」と。

答えていう。「三の機（上・中・下の能力）は煩悩ともいうべきものであるから、『会』を用いる必要はない。また機根すなわち能力は人が自分で起こすものであって、仏のことばによって『会』をなすことはできないし、またこの機根は時に応じて消え去るものであるから、むりに『会』を用いなくてもよいのである」と。

さらに問うていう。「機根は仏に関係ないのだから、『会』は必要がないというならば、『人』についても、『人』は各自で存在していて、如来に依存しないのだから『会』を必要としないのではないか」と。

答えていう。「人の身体は、事実、如来に依存していないけれども、大乗人とか小乗人とかいう名称は、如来の導きによってたてられたものである。だから仏のことばによって『会』ということがなされるのである。また経典によれば、『五戒を保つことによって、次生には人身を得、十善を行なうことによって次生には天身を得る』と教えているが、この五戒・十善は如来の教えによるものであるから、この意味から論ずれば、われわれの身体さえも如来に依存しているというべきである」と。

釈尊在世のいまこそ、道を求めよ

「仏がこの世を去られて、眼前に見たてまつる仏がおられないときは別である」というのは、真の阿羅漢であっても、如来がこの世に存在して直接説きたもう尊い教えを聞かなかったならば、如来が入滅されたあとの時代には、とうてい、仏教を信ずる者はいないであろうという意味で、「仏がこの世を去られて、眼前に見たてまつる仏がおられないときは別である」というのである。

それゆえに、道を求める者は、いま、仏がこの世に存在しておられるときに、気をゆるめていてはならないといって、このように信をすすめるのである。そこで、経文は第二に、つぎのような疑いを設けて、疑問に答えている。すなわち、疑問を発していう。「仏がこの世を去られて、眼前に見たてまつる仏がおられないときは別である。それはなぜであるか」と。答えていう。「仏が入滅した後の時代に、仏の教えの意味をさとる者は得がたいからである」と。また第三に、さらに重ねて、信をすすめる意を表わしている。すなわち、もしも仏がこの世を去られたならば、いずれのときに信を得ることができるかというと、必ず、他の仏がこの世に出現したもうときをまって、はじめて信を得ることができるのである。しかしながら、諸仏がいずれのとき、いずれの日に出現されるかは予知しえないし、また、たとい諸仏が出現されたとしても、その教えを拝聴する機縁がないかも知れないのである。それゆえに、いま、仏の在世したもうときにこそ、つとめ励まなければならないことは、おのずから明白であろう。⑪

諸仏のこころ

重ねて偈《げ》をもって説くうち、「それゆえに、舎利弗よ」から二行半の偈は、「以前に三乗教が説かれ、そののち、今ここで一乗教が説かれた」という前三後一を説明する。

これを二つに分けると、その第一に、はじめの一行の偈は、二乗道を説いたことを明かし、第二に、「わたくしは、涅槃という語によってさとりを説いたが」より以下一行半の偈は、三乗教の中の大乗道を説くことを明かしている。「すべて存在するものは、本来、つねにおのずから寂滅の相《すがた》のものだからである」というのは、無相の理をいったものである。その意味は、かつて説かれた『般若経《はんにゃ》』と『維摩経《ゆいま》』の説法の間は、ただ無相の理をもって三乗教の中心思想としていたからである。

過去諸仏のこころ

「さまざまの異なった方便を用いて、第一義であるさとりの理を説き明かされた」というのは、『本義』にはこのことを説明していないけれども、わたくしが考えるには、「異なった方便」というのは、『般若経』と『維摩経』の二つを指しているのであろう。この二つの経文は、最初に説法された、有相《うそう》を説く『阿含経《あごん》』と異なっているゆえに「異なった」というのである。「第一義」というのは、今日ここで明らかにする一乗教の理〈一理〉をいうのであろう。したがって、偈においていわんとするこころは、この二つの教説もまた、今日の一理を顕わそうとして説いたものであって、それ以外の理由があるわけではないのである。

また、こうもいえよう。すなわち、今日の『法華経』は、なおいまだ常住の理を明かしていないから、この経に説く意義は方便のものと見なさざるをえないけれども、さきに説かれた三乗教とは異なっているから、「異なった」といったのである。

未来諸仏のこころ

「一人として仏にならない者はないであろう」というのは、三乗教を信奉する者のうちで、大乗道を求めて実践する求道者は、だれ一人として成仏しないものはないという意味である。

「教法はつねに無性《むしょう》のものと知り」というのは、万善の法においては、三乗教の差別の性がないと知ることをいう。「仏種は縁によって起こると知る」というのは、「種」とは種智、つまり仏となる種としての智慧をいい、「縁」とは万善の法をいう。仏果は万善の法によって起こるということである。「この教法は法位に住して⑫」というのは、この万善の法は、一乗教の説く真理の位に住するというのである。「世間の相も常住である」というのは、世間における相対の諸善もまた、つねに一乗教の説く真理の位に住するという意味である。「仏のさとりを開いた菩提樹下においてこのことをさとって、導師は方便をもって説くであろう」というのは、仏はすでに一乗教の理に達しているけれども、ただ方便をもって、人びとに三乗教の差別を説くというのである。

現在諸仏のこころ

「同様にこの教えを説かれる」というのは、一乗の教法をいう。「第一の寂滅を知り」というのは、『本義』には説明していないけれども、ただ、わたくしの考えによれば、究極の真実〈真《しん》諦《たい》〉をさとることであろう。その意味は、仏は以前に無相の理を説いて人びとを教化されたが、それは、実は今日ここで明らかにする一乗教の理を説くためであった。また、こうもいえよう。一乗の教法を指して「第一の寂滅」と呼んでいるのである。なぜならば、「寂滅」というのは、不動ということである。三乗の教法は一乗のほうに動いて帰入していくから、寂滅のものではないが、今日ここで説く一乗の教法は、もはや、遷《うつ》り動くことがないから「寂滅」というのである。すなわち、如来は一乗教の寂滅の理に達して、これをさとっているけれども、なお方便を用いられるのは、ひたすら人びとを教化しようと願われるからである。けれども、本心は、今日ここで一乗教の理を説くためであった。

釈迦仏のこころ

三乗教を信ずる人が求めるものは、迷いの人間界における尽智《じんち》と無生智《むしょうち》の二つの智慧⑬である。しかしながら、いまかれらに大乗教を信受する機根が生じたのであるから、当然、大乗の仏果を求めるべきである。さて、どうしてかれらは小乗のさとりである尽智と無生智を求めるのであるかといえば、大乗教を信受する機根が起これば、唯一絶対の理の中に三乗教によって得られるさとり〈三果〉がかくれて自然に見えなくなってしまうから、そこでその三果の所在を探すことになるのである。しかし、この場合は、ただ理の中において求めるべきであって、ことばに出して求めるというのではない。

だから、一説によれば、この点を指して、大乗を求めることであるという。譬えをもって説明する箇所で、これをさらに解釈するであろう。

問うていう。「二乗の人びとは、昔は小乗教に従っていたから、いまここで、大乗教を信ずる機根を発《おこ》すべきである。なぜならば、もとはといえば、小乗のさとりしか得られなかったからである。ところが、大乗の人びとははじめから大乗を信じているのであるから、いま改めて大乗教を信ずる機根を発《おこ》す必要がないのである。それゆえに、二乗の人びとが一乗の理を求めるというべきであって、三乗の人びとがそれを求めるということにはならないではないか」と。

それに答えていう。「質問のように、実際は、二乗の人びとが求めているのである。しかしながら、大乗の人びとの免れることのできない点は、理論上、かれらの求めるものは一大果であるが、以前に大果（大乗の仏果）ということは知っていたけれども、それがいまここでいう一大果（一大乗の仏果）であるとは知らなかった、ということである。それゆえに、三乗の人びとが大果の所在を求めるのである」と。

「ためらうことなく方便を捨てて、ただこの上ないさとりの道だけを説く」というのは、五つのけがれにもとづいて前三後一の意義を明らかにするうちの第七の文で、これは、今日『法華経』を説くことを説明している。いま、人びとが一大乗の教えを聞こうとする機根を発《おこ》したので、仏はかつて説いたところの方便の教説を捨て、かれらのために、今日、正しい真理の道を説くというのである。

「求道者はこの教えを聞いて、みな疑いの心を除き」というのは、三乗の中の求道者をいい、「千二百人の阿羅漢もまた、ことごとく仏となるであろう」というのは、二乗の人びとがみな求道者となるという意味である。

（1）これは、経の偈の末文「如是諸人等　於此無有疑」（岩波文庫『法華経』下、五六ページ）である。現行の『法華経』では「分別功徳品第十七」となっている。

（2）「方便品」の題名の「方便」に相当する原語は、サンスクリットで、「ウパーヤ（方便）カウシャリヤ（善巧）」すなわち「巧みなてだて」という意味である。一般に「うそも方便」という諺によって、方便を悪い意味に使用するが、これは仏教本来の用法とまったくちがっている。すなわち、方便はてだて・手段のことであって、それは真実自体のもつ働き・作用である。ウパーヤの語原が示すように、「そばに近づいていくこと」であり、真実が不真実なるものに近づいて、真実のものたらしめていく働きを意味する。したがって、真実と方便は別々のものでないことが知られよう。本経では、三乗教を方便、一乗教を真実と説き（五四ページ）、また方便がうそ（虚妄）のものでないことは、うそを語らない仏が人びとを真実の世界に導いて、利益を与えようとするところの働きだからであるという（六〇ページ）。三乗教を先に説き、一乗教を後で説いたというのは、仏の権智と実智の二つによるが（五四ページ）、本来、仏の教えにおいては一乗のみであって、三乗はそのうちに含まれており、一乗を人びとに説示するために三乗を説いたにすぎないのである（四一ページ）。仏のもつ方便の働きは、人びとにたいする説法として示される。それについて、四種の方便があることを義疏は説明している（一一七ページ）。また、義疏では、釈尊が自己の入滅を予告したのも、人びとを教化するためのてだてであって、実際に入滅することを述べたものではない、と解釈している（一三〇ページ）。

（3）この文章は経文「無漏不思議……引之令得出」（岩波文庫『法華経』上、七四ページ）の取意である。本書三二ページ、舎利弗にたいする仏のことばを参照。

（4）この文章は経文「今者世尊　何故慇懃……所不能及」（岩波文庫『法華経』上、七六ページ）の取意。本書三三ページの下段、舎利弗が仏にたいして請うている文章を参照。

（5）原文は「非二是四句百非一、心行所滅、言語道断故止也」とある。この句は中国仏教で一般に表現する「四句百非を絶し、心行滅するところ、言語の道断つ」の句をうけている。四句とは⑴有（非無）、⑵無（非有）、⑶亦有亦無、⑷非有非無をいう。百非とは、有無などのあらゆる概念について「非」の文字を加えて否定していくとき、これを百非と総称する。

（6）この一段で説く「諸法実相」の説明を、天台宗では「十如是」という。それは、諸法（あらゆる存在するもの）の、⑴如是相、⑵如是性、⑶如是体、⑷如是力、⑸如是作、⑹如是因、⑺如是縁、⑻如是果、(9)如是報、(10)如是本末究竟という十の特性をいう。羅什が本経を訳すに当たって、『智度論』に説く九種法にもとづいて、十に分けたのであって、元来、サンスクリット文に明確に記されているものでない。

（7）「十如是」という煩瑣な注釈学的論義を斥けて、簡潔に経文の趣旨を把えようとする太子の態度が、この一句のなかに示されている。原文の「愚心難㆑及」は、凡夫の自覚に立つ求道者にしてはじめて発せられることばであろう。

（8）経文「除諸菩薩衆　信力堅固者」（岩波文庫『法華経』上、七〇ページ）および「不退諸菩薩　其数如恒沙　一心共思求　亦復不能知」（同上、七四ページ）を指す。本書三一ページ参照。

（9）五九ページの「五仏」についてみよ。

（10）原文は「下㆑足挙㆑足、皆従㆓道場㆒来也」とある。『維摩経』の第四品において、光厳童子がかつて維摩居士から、「道場」（さとりの場所）についての説明をうけたことが説かれているが、この句は居士の結びのことばである。大乗の求道者がなす利他の実践行は、どんなささいな行ないでも、すべてさとりの世界からなされており、それこそが仏法のうちに生かされている人の生活であるという。これと同じ趣旨が、道元の『正法眼蔵』（第九十二「生死」巻）にある。すなわち道元はいう、「この生死はすなわち仏の御いのちなり。……ただ、わが身をも心をもはなちわすれて、仏のいえになげいれて、仏のかたよりおこなわれて、これにしたがいもてゆくとき、ちからをもいれず、こころをもついやさずして、生死をはなれて仏となる」と。

（11）「人身受け難し、今すでに受く云々」という三帰依文のことばを、ここで想起するであろう。『ダンマパダ』（『法句経』）の一八二偈にも、「人の生を享《う》くること難く、死すべき者（人間）の生くるも難し。正法を聞くこと難く、諸仏の出現も難し」とある。

(12)太子は「此法住法位」（経文には「此」でなく「是」とする）の句を解釈して、「此の万善の法は、一乗の法位に住すというなり」とする。したがって、太子はこの経文を「この法、法位に住して」と読んだと思われる。この読み方は法雲（法位を一乗と解した）に従ったものであり、天台の智顗（五二一～五九七。かれは法位を真如と解した）らも同様である。吉蔵（五四九～六二三）は法住と法位を同格にして、両者を「仏性」の異名および「一乗」の別称であると解した。サンスクリット本によれば、この箇所を「一乗の教えの永続性・不変性・常住性」としているから、吉蔵の読み方はこれに近いといえる。

(13)大乗仏教以外の部派仏教では、究極のさとりに達する阿羅漢の位を目指して、「四つの聖なる真実」（四聖諦）をくりかえし観察する修行を行なった。したがって、「尽智」とは修行の結果、「わたくしは四聖諦を体得し尽くした」と知る智慧をいう。無生智とは、「わたくしはすでに四聖諦を体得しおわっているから、さらに体得すべきものはなにものもない」と知る智慧をいう。それゆえに、尽智と無生智は小乗仏教の人びとにとって、さとりを得る最高の智慧であった、といってよい。

そのとき、舎利弗は躍《おど》り上がって喜び、起立して合掌し、世尊の顔を仰ぎ見て、こう述べた。

「いま、世尊からこの法を聞いて、心は躍り上がり、未曽有の思いでいっぱいであります。わたくしは昔、仏からこのような教えを聞きましたとき、もろもろの求道者が仏に確約されて、仏となったのを見てきたのでありますが、わたくしたちは、それにあずからなかったので悲しんでおりました。そして、どうして如来は小乗の教えによってわたくしたちを救おうとされるのかと思っていました。このような考えをもったのは、わたくしたちのあやまちであって、世尊のあやまちではありません。今日、わたくしは真の仏子となりました。仏の口から生まれ、仏の教えから生まれ出て、仏の教えの分け前にあずかったのだと知りました」

そのとき、仏は舎利弗に告げたもうた。

「昔、二万億の仏たちのもとで、この上ないさとりの道を体得させるために、わたくしはつねにおまえを教化し、わたくしは方便をもっておまえを導き入れたのである。舎利弗よ、わたくしは昔、おまえを仏道に志願させたのに、それを忘れて、自分でさとりを開いたと思っている。わたくしは、いま、おまえが前世にたてた本願によって修行してきた道を憶《おも》い出させようと思って、もろもろの声聞のために、この大乗経典である『妙法蓮華経、菩薩を教える教法、仏に護念せられるものと名づける経典』を説こうとするのである。舎利弗よ、おまえは未来世において、仏となるであろう。その名を華光《けこう》如来といい、国を離垢《りく》と名づけるであろう」と。

そのとき、もろもろの天子はこの意味を偈《げ》に詠《よ》んだ。

「昔、波羅奈《はらない》（バーラーナシー。現在のベナレス）において、四つの聖なる真実に関する教えの輪を転じ、いままた、最もすぐれ、この上ない真理の大いなる教えの輪を転ぜられた世尊が、この教法を説かれるとき、われらはみな、随喜する。大智ある舎利弗は、いま、世尊から仏となるであろうという確約を受けた。われわれ天子もまた、世尊の確約どおりに必ず仏となって、いっさいの世間において、この上ない最尊の仏となるであろう。仏道はわれわれの思いはかることのできないものであるから、世尊は、方便を用いて、人びとの能力に応じて適切にお説きなされる。われわれが積んだ過去世とこの世における福業、および仏にまみえた功徳の、それらすべてを仏道の完成のためにふりむけよう」

そのとき、舎利弗は仏にこう願った。

「わたくしはいま、この上ない正しいさとりを得るであろうという確約を受けることができました。しかしながら、ここにいる千二百人の心の自在を得た仏弟子たちは、世尊からいまだかつて聞いたことがない教えを聞いて、みな、疑いにおちこんでおります。どうか、世尊よ、出家・在家信者のすべての者のために、そのわけを説き、疑いからかれらを解放させてください」

そのとき、仏は舎利弗に告げたもうた。

「いま、譬喩《ひゆ》によって、このことを明らかにしよう。もろもろの智慧あるものは、譬喩によって、さとることができるからである。舎利弗よ、国や村や聚落に、大長者がいたとしよう。かれの年は衰え老い、富裕で財産は無量であり、田地・家宅・下男たちをたくさん持っていた。その家は広大であるのに、門はただ一つであった。百人、二百人、ないし五百人の者がその中に住んでいた。堂閣は朽ち古び、垣や壁は崩れ落ち、柱の根は腐り破れ、梁《はり》や棟《むね》は傾いて危ない有様であった。家の周囲から同時に、突然、火が起こって燃えはじめた。長者の子供たちが、この家に十人、二十人、ないし三十人もいた。長者はこの大火が四方から起こったのを見て、大いに驚き怖れてこう思った。『わたくしだけはこの焼けている家の門から安穏に出ることができたけれども、子供らは燃えている家の中で遊び戯れることを楽しみ、それに執着していて、さとらず、知らず、驚かず、怖れず、火がその身に迫り、苦痛が自分に迫って来ているのに、心にいとわしいとも思わず、また家から出て行こうとする気持もない』と。

舎利弗よ、この長者はまた、つぎのように思いめぐらした。『わたくしは身体にも手にも力がある。花を盛る器や机を抱《かか》え出すように、この家から逃げ出させよう』と。またさらにこうも思った。『この家には、たった一つの門しかなく、また狭小である。子供たちは幼稚で、まだものごとをよく知らないから、遊び戯れることに夢中になっている。あるいは、火の中に転げ落ちて焼け死ぬかも知れない。わたくしは火の怖ろしいことを知らせよう。この家はもう焼けている。早く逃げ出して、火に焼かれないようにしなければならない』と。そこで、長者は子供たちに『早く逃げ出しなさい』と言った。

父は憐れにおもってことばをつくして誘い諭《さと》したけれども、子供たちは遊び戯れることを楽しみ、執着しているから、そのことばを信じ入れようとせず、驚かず、畏れず、出ようとする心がなかった。また、火とは何であるか、家とは何であるか、失うとはどういうことなのかも知らず、ただ東西に走り戯れて、父を見るだけであった。

そのとき、長者はこう思った。『この家はすでに大火に焼かれている。わたくしとこの子らが、いまこそここから出なかったら、必ず焼け死ぬであろう。わたくしはいま、方便を設けて、子供たちをこの危難から免れさせねばならない』と。

父は、子供たちがこれまでの心に、それぞれ好きな珍しい玩具や変わったものを見ると、すぐ飛びついて喜ぶということを知っていたので、こう告げた。

『おまえたちが、喜んで手にしてあそぶ玩具は、とても手に入れることがむずかしい高価なものだ。もしいま、手にすることがなかったら、きっとあとで後悔するだろう。その玩具というのは、羊の車、鹿の車、牛の車であって、いま、門の外に置いてある。その車に乗って遊びまわれるのだ。おまえたちは、この燃えている家から早く出て来なさい。そうしたら、おまえたちの欲しいものはなんでもやろう』と。

そのとき、子供たちは、父が珍しい玩具のことを話すのを聞き、それを欲しがって、心は勇み立ち、互いに押しあい、先を争って、燃える家から走り出た。

このとき長者は、子供たちが安全に家から出ることができて、みな、四つ辻の広場に坐って無事であったのを見て、かれの心は落ちつき、歓喜し、躍り上がった。ときに子供たちは、おのおの、父にいった。

『父よ、さきにあげるといわれた羊の車、鹿の車、牛の車の玩具をわたくしたちにください』と。

舎利弗よ、そのとき長者は、それぞれの子供たちに、同じように大きな車を与えた。その車は高く広く、さまざまな宝石で飾り、欄干《らんかん》をめぐらし、四面に鈴をかけてあった。また車の上に天蓋を吊《つ》り、いろいろな珍しい宝石で立派に飾ってあった。まわりには宝石の縄をめぐらし、花環をかけ、車の内には敷物を重ねて敷き、赤い枕が置かれていて、その車を白い牛がひいていた。牛の肌の色は清らかで、形は美しく、大筋力があり、歩くときはゆったりし、走るときはその疾《はや》さが風のようであった。そして、この車に多くの侍者がついて護衛していた。それはなぜかというと、この大長者は、はかりしれない財産や富をもち、種々の倉庫がみな財物で充満していたからである。そして、長者はこう思った。『わが財物にはきわまりがないから、小さな劣った車を子供たちに与えてはならない。この子供たちはみな、わが子であるから、差別したりしてはならない』と。このとき、子供たちは、おのおのこの大きな車に乗って、これまで体験することがなかった喜びを得た。しかしながら、これは子供たちがはじめに望んでいたものとは違っている。

舎利弗よ、おまえはどう思うか。このことは嘘をついたことになるだろうか。それともならないだろうか」

舎利弗は仏にこう答えた。

「いいえ。世尊よ。この長者は、ただ子供たちを火から免れさせ、生命を全うさせようとしただけで、嘘をついたわけではありません」と。

仏は舎利弗に告げたもうた。

「よくいった。おまえのいうとおりだ。舎利弗よ、如来もまたそのとおりなのだ。すなわち、如来は一切世間の父となり、もろもろの怖れ・悩み・憂い・無知・暗黒を完全にとり除き、観察力と威力と自信を完成し、大神通力と智慧力を持ち、方便と智慧の完成者であり、大慈悲心あって、つねに倦《う》むことなく善事を求めて、いっさいの生けるものたちの利益を計っているのである。

わたくしは、すべての生けるものたちがもろもろの欲望や利財のために種々の苦しみを受け、苦しみの中に沈んでいながら、しかも遊び戯れ、東西に走りまわって、このような火の燃えさかる迷いの世界から逃れようともせず、またひどい苦しみに遭《あ》っても悩もうとしないのを見る。

如来は、智慧と方便によって、この迷いの世界からこのようなものたちを救い出そうとして、声聞乗と縁覚乗と仏乗の三種の教えを説いて、かれらの心を仏道にむけるようすすめたのである。やがて、かれらが涅槃《ねはん》というさとりの楽しみを得たのを知ったならば、そのとき、すべての生けるものたちは、みなわが子であるから、如来は平等に大乗教を与えて、特定のものだけでなくすべての人びとに如来のさとりを得させるのである。

この迷いの世界を逃れたものたちにはことごとく諸仏の禅定《ぜんじょう》・解脱《げだつ》などという楽しみの玩具を如来は与える。これはみな、ただ一相であり、ただ一種であって、聖者によってたたえられ、清らかで最もすぐれた楽しみを生ずるものであるからである」

仏は、重ねてこの意味を明らかにしようとして、これらの偈を説かれた。

「たとえば、長者に一つの大きな邸宅があった。その邸宅は古び、梁や棟は傾き、けがれたものが充満している。

この中に五百人の者が住んでいた。また、とび・ふくろう・くまたか・わし・からす・かささぎ・やまばと・いえばと・とかげ・へび・まむし・さそり・むかで・げじげじなど、たがいにほしいままに走りまわっている。臭気を放つ屎尿《しにょう》のところには不浄物が流れあふれ、きつね・おおかみ・こぎつねが互いに咬《か》み、踏みあらし、また死屍を咬み喰らい、骨や肉は散らばり、これに群らがる犬は、闘い争ってそれらをひきずり、いがみ、はがみして吠えている。いたるところに山の神・水の神・夜叉《やしゃ》・悪鬼が棲《す》み、人肉・毒虫などを喰らい、もろもろの悪鳥・悪獣は、卵をかえしたり、乳をのませたりして、おのおのみずからかくし護っているが、夜叉は競ってやって来て、争ってこれを喰らう。これを食べて飽けば、悪心はいよいよ高まり、闘争《あらそい》の声は、はなはだ怖ろしい。鳩槃荼鬼《くばんだき》（悪鬼クンバーンダ）は土くれの上にうずくまり、あるときは大地を離れること一尺二尺、往《い》ったり帰ったり遊びまわり、ほしいままにはしゃぎまわり、犬の両足をとらえて、撲《う》って声も出ないようにし、脚で頸《くび》を絞め上げて犬をおどかし、みずから楽しんでいる。また、その家の中には、その身は長大であり、裸で黒く痩《や》せた鬼どもが住み、悲鳴をあげて食物を求めている。また咽喉《のど》が針のような鬼どもがいて、あるいは人の肉を喰らい、あるいは犬の肉を喰らう。頭髪は蓬《よもぎ》のように乱れ、生きものを食べるさまは実に恐ろしく、飢えや渇きに迫られて叫喚《きょうかん》し走りまわっている。夜叉と餓鬼ともろもろの悪鳥・悪獣は、飢えに迫られて、窓から四方を窺《うかが》い見ている。

　この朽ち古びた家は、ある人の持物であった。その人が近くに外出してまもなく、その家に火事が起こり、四面一時に燃えさかった。もろもろの鬼どもは、声をあげて大いに叫ぶ。悪獣・毒虫は穴にかくれて逃がれる。毗舎闍鬼《びしゃじゃき》（吸血鬼ピシャーチャ）たちもまたその中にいたが、福徳の薄いために火に迫られ、互いに殺害し合って血を飲み肉を喰らっている。こぎつねの類はとうに死んでしまい、もろもろの大悪獣はやって来てそれを喰らう。むかで・げじげじ・毒蛇は、争って穴から走り出し、鳩槃荼鬼は片っ端から取っては喰らっている。この家は、このようにきわめて恐ろしく、毒害・火災など無数の災難で満ちていた。

このとき、家の主は門の外に立った。そして、『あなたの子供たちは、何も知らずに燃える家の中で遊んでいる』と人が告げるのを長者は聞いて、驚いて家の中に入った。かれは子供たちに、難をのがれて外に出るように諭《さと》した。子供たちは、無知のため父の教えを聞いても遊びまわってやまない。そこで、長者は方便を考えて、『羊や鹿や牛の車が門外にある。その車で遊びなさい』と告げた。子供たちは外に走り出し、苦難を離れた。長者は子供たちが燃える家から出て、四つ辻の広場にいるのを見て、獅子の皮を敷いた椅子に腰をおろした。かれは喜んで、子供たちに安堵《あんど》の思いを語った。そこで、子供たちは、父に向かって『三種の立派な車をください』といった。長者は大富豪であったから、宝石で飾られた車とそれを牽《ひ》く立派な白牛を、それぞれ三人の子供に与えた。子供たちは、そこで、満足して四方八方に遊びまわった。

舎利弗よ、わたくしもまた、このとおりなのだ。

わたくしは真理の教えの王であり、生けるものたちを安らかにするために、この世に現われたのだ。わたくしの説くこの真理の教えの旗印は、世間の人びとの利益のために説かれるのだ。おまえのおもむく所において、みだりにこの教えを説いてはならない。もしもわたくしの教えを聞く者がいて、随喜してこれを信受するならば、この者こそ不退転の者であると知れ。この『法華経』は智慧の深い者のために説くのである。しかも舎利弗よ、そなたですら信心をもってこの経を理解することができた。まして、他の仏弟子たちも信心によるべきは当然である。

また舎利弗よ、高慢にして、怠惰であり、自我のとらわれに陥っているものにたいして、この経を説いてはならない。もしも人がこの経を信ぜず、この経をそしるならば、すべての世間の人びとは仏性を断ち切ることになろうし、命終わったのちに阿鼻地獄に堕《お》ちるであろう。もしも次生《じしょう》に人間に生まれたとしても、性質は暗愚で鈍く、矮小で、歩けず、見えず、聞こえずの者となるであろう。

舎利弗よ、この経をそしる者の罪について説くならば、一劫という長い時間をかけても不可能である。それゆえに、無智の人びとの中にて、この経を説いてはならない。もしも仏道を求める人にして、才能すぐれ、智慧あきらかで、多く教えを聞き、学識ある者がいるならば、そのような人にこの経を説け。もしも精進してつねに慈悲の心を修め、命を惜しまずに道を求める者があるならば、そのような人にこの経を説け。

舎利弗よ、このように、仏道を求める者の在り方について説き明かすならば、一劫という長い時間をかけても、説き尽くすことはできないであろう。このような求道者たちは、信じ了解する心をもっているから、おまえはかれらのために、この『妙法蓮華経』を説け」

この章の由来

譬えを説いて中程度の能力の人を教化するために、章名を「譬喩品」と名づけたのである。ところで、本来ならば、まさしく譬えを説いて中程度の能力の人を教化するという文は、この章の途中から始まっているので、その文の最初に「譬喩品」という章名が置かれるべきである。しかしながら、そのようになっていないわけは、おそらく、本経の誦出者が、「譬喩品」という章名を巻の最初に出したいと願ったからであろう。

火宅の譬え（三車一車の譬え）①

「舎利弗よ、国や村や聚落に、大長者がいたとしよう」より以下は、中程度の能力の者たちに説いて欲しいという舎利弗の懇請をいれた仏が、譬えをもって開三顕一の意義を説く。

さて、譬えを挙げてまさしく仏が答える部分は、散文〈長行〉と詩句〈偈〉から成っているが、そのうちの散文の部分を分けると、譬えを挙げる開譬と、譬えを教説に結びつける合譬[②]との二つがある。まず、開譬の部分をさらに十種の譬えに分ける。それらはみな、すでに理論面から十種に分けて説いた教えにたいする譬えである。[③]

第一に、「舎利弗よ、国や村や聚落に」より以下「この家に十人、二十人、ないし三十人もいた」までを「宅主の譬え」とする。これは、前述した十種の理論的説明の第一「釈尊が諸仏と同じ心で喜んで、開三顕一の意義を説く」ということを譬えている。

第二に、「長者はこの大火が四方から起こったのを見て」より以下「家から出て行こうとする気持もない」までを、「長者が火事の起こるのを見る譬え」とする。これは、十種の理論的説明の第二「人びとが五つのけがれのために無知の者となっているのを、釈尊がご覧になられた」という説明の譬えである。

第三に、「舎利弗よ、この長者はまた、つぎのように思いめぐらした」より以下「父を見るだけであった」までを、「長者が子を求めても得ることができない譬え」とする。これは、十種の理論的説明の第三「ただちに大乗教を説いたのでは、人びとを教化することができない」という説明の譬えである。

第四に、「そのとき、長者はこう思った」より以下「先を争って、燃える家から走り出た」までを、「長者が三車を用いて子を求めようとして、求め得た譬え」とする。これは、十種の理論的説明の第四「釈尊は小乗教を説いて、人びとを教化できた」という説明の譬えである。

第五に、「このとき長者は、子供たちが」より以下「無事であったのを見て」までを、「長者が災難をまぬがれた子を見る譬え」とする。これは、十種の理論的説明の第五「人びとが大乗教を聞こうと発心したすがたを釈尊がご覧になられた」という説明の譬えである。

第六に、「かれの心は落ちつき、歓喜し、躍り上がった」という句を、「災難をまぬがれた子を見て、長者が歓喜した譬え」とする。これは一つあとの第七の理論的説明「人びとの心中に大乗教を聞こうとする心が生じたのを見て、釈尊が歓喜された」という説明の譬えである。

第七に、「ときに子供たちは、おのおの、父にいった」より以下「わたくしたちにください」までを、「子供たちが三車を求める譬え」とする。これは、一つまえの第六の理論的説明「三乗教の人びとがさとりを求める」という説明の譬えである。

第八に、「舎利弗よ、そのとき長者は、それぞれの子供たちに、同じように大きな車を与えた」より以下「この子供たちはみな、わが子であるから、差別したりしてはならない」までを、「長者がそれぞれの子に同じ大きさの車を与える譬え」とする。これは、十種の理論的説明の第八「まさしく人びとのために『法華経』を説く」という説明の譬えである。

第九に、「このとき、子供たちは、おのおのこの大きな車に乗って」より以下「はじめに望んでいたものとは違っている」までを、「子供たちが車に乗ることができて歓喜する譬え」とする。これは、十種の理論的説明の第九「三乗教の人が大乗教を聞いて、真実の教えに帰入する身となる」という説明の譬えである。

第十に、「舎利弗よ、おまえはどう思うか」より以下「よくいった。おまえのいうとおりだ」までを、「長者が虚言をいわなかった譬え」とする。これは、十種の理論的説明の第十「釈尊に虚言はない」という説明の譬えである。

宅主について

この第一の「宅主の譬え」には、六つの意義がある。

第一に、宅主である「長者」というのは、諸仏に譬える。

第二に、「その家は広大である」というのは、迷いの世界という、仏の教化すべき場所に譬える。

第三に、「門はただ一つであった」というのは、聖教に譬える。

第四に、「五百人の者がその中に住んでいた」というのは、諸仏が教化の対象とする五道（地獄・餓鬼・畜生・修羅・人間）の人びとに譬える。

第五に、「火が起こって」というのは、迷いの世界の人びとが五つのけがれや八つの苦しみのためにいためつけられることを譬える。

第六に、「三十人もいた」というのは、三乗教を信ずる能力の人に譬える。

「国や村や聚落」というのは、人間の住む場所に譬える。「長者」というのは、仏に譬える。つまり、人間の中で仏がかれらを教化する導師であることを、国や村や聚落の中では長者が支配者であることに譬えて説明するのである。この二つのことばは、仏の位置を示している。

「衰え老い」ということばより以下は、仏の徳をたたえる。このことばの意味は、この長者が長い人生を持っているから、その見聞するところは広大であって、それは仏に三種の自在の智慧のあることを譬えるものである。このことばは仏の内徳をたたえるのである。

「富裕で財産は無量であり」というちの「財」とは、寒さや困苦をおおいかくすものであるから、これは如来に四摂・四等・六度という利他の働きがあって、六つの輪廻の世界において苦しみを受けるところの生ける者たちをおおい救うことに譬える。「田地・家宅・下男たちをたくさん持っていた」といううちの「田」とは、田地は作物を育成してわれわれの生命を養うものであるから、仏の智徳に譬え、「宅」というのは、身を安んずるところであるから、仏の具える瞑想の徳に譬える。「下男たち」というのは、声聞と縁覚という小心の弟子に譬える。「その家は広大である」というのは、六つの意義のうちの第二で、迷いの世界に譬えている。仏は迷いの世界を家とされるという意味である。

「門はただ一つ」というのは、第三の意義で、聖教に譬えている。「門」というのは、人や車などを通すものである。すなわち、長者の家がいかに広くても、出入りの門はただ一つということは、迷いの世界が広くても、その苦しみより人びとがのがれることのできる聖教は、ただ一つであることを譬えている。

しかしながら、「門」には二つの作用がある。一つは、内のものを外に出す作用であり、二つは、外のものを内に入れる作用である。出すという作用について言えば、門は五百人のための門である。入るという作用についていえば、門は長者のための門である。なぜならば、この長者が年少のとき、もっぱら家のなかで父から学問をうけ、礼儀を身に修めて、そののち、社会に出て尊敬される地位を得たが、父の他界したことを聞いて家に戻り、こんどは家の者たちに、社会に出て活躍する方法を教える。そこで、家の者たちは、かれから教えを聞き礼儀を修めたのち、社会に出て尊い身分を得ることができたとしよう。したがって、出すという作用についていえば、五百人のためであって、入るという作用についていえば、長者のためというのである。このこと

名著のことば

聖徳太子

法華義疏（抄）
十七条憲法

『妙法蓮華経《みょうほうれんげきょう》』という経典は、思うに、さとりに向かうあらゆる善をおさめとって、これをさとりを得るための一因となす実り豊かな田地であり、限りある寿命を永遠の生命に転ずる不死の妙薬である（法華義疏　総序　三ページ）

『法華義疏』巻頭の一文。法華経はサンスクリット語、漢語、チベット語などアジア各地で様々に訳されたが、中国・日本では絶大に尊崇された。隋代の天台智顗は法華経を根幹とする壮大な仏教理論体系を作りあげ、最澄によって日本に紹介されると鎌倉新仏教の祖師たちによりさらに深化したことは承知の通り。なかでも「妙法蓮華経」は珍重され、聖徳太子も「不死の妙薬」と高く評価している。

そのとき、世尊は、瞑想の座から静かに立ち上がり、舎利弗《しゃりほつ》に告げたもうた。

中公
クラシックス
J33

2007年５月
中央公論新社

「諸仏の智慧ははなはだ深遠であり、無量である。その智慧の教えは理解しがたく入りがたく、いっさいの声聞や縁覚にとって知ることのできないものである。なぜならば、かつて諸仏は、百千万億という無数の仏たちに近づき、その説くところの無量の修行を実行し、勇猛精進の結果、それぞれ名声があまねく世に知られ、そして甚深《じんじん》にして未曾有の法を体得して、これを人や場所に適応して説かれたから、人びとが諸仏のこころをさとることはむずかしいという理由による」（法華義疏　方便品第二　二九ページ）

ならば、なぜそんなむずかしい教えを讃えるのかという舎利弗の問いかけに、仏の智慧を人びとにさとらせるためだ、と答える。仏を信じ、その教えをさとることが正しい、とするのである。

一に曰《いわ》く、和をもって貴《とうと》しとし、忤《さから》うことなきを宗《むね》とせよ（十七条憲法　一四七ページ）

人はとかく偏頗なもので、つねに争いごとを引き起こしがちになる。こうした抗争を克服し和を実現せよというあまりに有名な一言。和の思想は十七条憲法全体を貫いている。ところで、ここに典拠する「和」とい

二に曰く、篤《あつ》く三宝《さんぼう》を敬え。三宝とは、仏と法と僧なり。すなわち四生《ししょう》の終帰《よりどころ》、万国の極宗《おおむね》なり（十七条憲法　一四七ページ）

仏法は生きとし生けるものの最後の拠り所で、世界が仰ぎ尊ぶ究極の規範であるとする。国家の基本に仏教を据えることが普遍的国家への道と考えていた。

三に曰く、詔《みことのり》を承りてはかならず謹《つつし》め。君をば天とす。臣をば地とす（十七条憲法　一四七ページ）

君臣を弁別する治者の思想を説く。豪族連合国家の日本を中央集権的な統一国家に再編したい太子の意図を表すもの。

用明天皇の后穴穂部間人王は、厩戸《うまやど》へお出でになったとき、急に聖徳太子をお生みになった。太子は、幼少のころから聡敏で智慧があった。大人になってからは、一度に八人のいうことを聞いて、そのいい分を聞き分けた。また一を聞いて八をさとった。そこで、名前を厩戸豊聡八耳命《うまやどのとよとやつみみのみこと》というのである（上宮聖徳法王帝説　一六八ページ）

太子の生い立ちを紹介した第二部で、今日まで伝説として人口に膾炙している一つ。

（推古天皇二十九年〈六二一〉、太子の母の穴穂部王が死に、翌年太子が死ぬ）そのとき、橘大郎女は悲しみ嘆息して、天皇の前に畏《かしこ》み申し上げた。「恐れながら、思う心をとめることができません。わが大王（聖徳太子）と母王とは、所期のごとく、従遊（死去）されました。痛ましさは比べるものがありません。わが大王は、『世間は虚仮《こけ》であり、ただ仏のみ真実である』と申しておりました……」（上宮聖徳法王帝説　一七四ページ）

『上宮聖徳法王帝説』には記紀とは別系統の史料が含まれている。この有名な文章は、太子を喪った妃の橘大郎女の心中を察した推古天皇が、死後の太子がいるとされる天寿国の模様を描いた二張の繡帳を作らせる逸話だが、記紀は伝えていない。「世間虚仮、唯仏是真」とは太子の等身大の告白であり、この言葉を知ることでわれわれは太子の仏教による救済を願う渇仰の深さを知ることができる。

を仏のあり方に適用してみると、仏が前生において求道者であったとき、迷いの世界を離れないでその中で修行し、修行が完成して、この世に出現して仏となったけれども、人びとが五つのけがれのために心がくらんでいるのを知って、ふたたび迷いの世界に入って、大乗教をもって人びとを教化し、かれらをして迷いの世界から出離させられたのである。

問うていう。「なにゆえに、長者は門に入るだけで出ないのであるか」と。答えていう。「長者は年少のとき、尊い身分を得るためには出るだけで入らないのであるか。また、五百人の者たちに門を出た。そして、いまや、門を出て尊い身分を得た以上、さらに門を出る必要はないのである。だから、ただ入るだけで出ないのである。また五百人の者たちは本来、つねに家の中にいるのであるから、門を入る必要はない。それで、ただ出るだけで入らないのである」と。これを仏の在り方に適用すれば、さきに述べたのと同様になる。仏が前生において求道者であったとき、仏になろうと道を求めて、諸仏の教えに従って迷いの世界を出たけれども、すでにいま、成仏した現在、どうしてさらに出る必要があろうか。人びとは本来、迷いの世界の内にいるから、さらに入るといってもどこに入るのであるか。また、人びとが仏の教えによって、迷いの世界を出ることができるのは、理の当然であるが、かれらが仏の教えによって、迷いの輪廻に入るということはいまだかつてないことである。

「五百人の者がその中に住んでいた」というのは、第四の意義である。すなわち、長者の家の中に五百人が住んでいるというのは、迷いの世界、つまり地獄・餓鬼・畜生・修羅・人間の五つの世界にいる生けるものたちに譬えたものである。「堂閣は朽ち古び」より以下は第五の意義で、これは長者の家に火事の起こることを説明する。迷いの世界にいる生けるものたちが、五つのけがれや八つの苦しみに迫られ、煮られることに譬えている。それには二つある。第一は、火の出る理由を説明する。すなわち、悪因に譬える。第二は、「家の周囲から同時に」より以下は、火の起こる有様を説明する。すなわち、悪果に譬えている。それは、その家の部屋が堅牢でないから火が起こりやすいので、ちょうど、人びとの行ないの原因が、すべて悪のものだから、悪果が起こりやすいということを譬えている。「堂」は迷いの世界のうちの欲界に譬え、「閣」は他の二つの迷いの世界である、色界《しきかい》と無色界の二つの世界に譬える。すなわち、この三つの迷いの世界にいる生けるものたちの行ないは、みな悪のものだから「朽ち古び」といったのである。「垣や壁」は身体を構成する地・水・火・風の四元素に譬える。人びとはこの四元素から成る身体によって悪い行為をなし、その報いとして悪道に落ち込むから「崩れ落ち」という。「柱の根」は命に譬える。その意味は、人びとは自分の生存を支える命のつづく限り、それに依存して悪の行為をつくり、そして苦果を受けるから「腐り破れ」という。「梁や棟」は六つの識別作用に譬える。

その意味は、人のもつ六つの識別作用は、思うままに六つの認識対象に働いて、いろいろの悪をつくり、そのために この人は悪道に陥るから「傾いて危ない」という。

出火の状況を見る

「家の周囲から同時に」より以下は、第二に火の起こる有様を述べている。それは悪果が起ることに譬えられるものである。「家の周囲から同時に」というのは、八つの苦しみが人に迫ってきて、この人は一つとして払い除くことができないことに譬えている。「突然、火が起こって」というのは、八つの苦しみの迫って来ることがだれも予期できないということである。

「長者の子供たち」より以下は、第六の意義である。五百人の者たちの中で、長者のこころに適《かな》ったものが三十人あったというのは、三乗教を信ずる能力の人に譬えたものである。

ところで、さきに挙げた、第一の理論的説明のところでは、釈尊が諸仏のこころを知って喜び賛同して、人びとに開三顕一の教化をすることだけを説明して、五つのけがれ〈五濁《ごじょく》〉・八つの苦しみにかれらがうちひしがれているということを説かなかったが、いま、この譬えの中では、火の起こる様相によってそのことを明かしている。これは前の説明とすこし異なるだけで、大した意味の相違があるのではない。この章で火が起こることを加えて説明しているのは、火という事物を譬えとしているので、長者が火を見ることを説くために、まずその火の起こる根本を説明したのである。それゆえに、釈尊の説法との関係もおのずから示されるわけである。さきの経文は理論的説明であるから、人びとの五つのけがれを見るとだけいえば、この五つのけがれがなにから起こるということを説明する必要はないのである。だから、ただ開三と顕一の意義を説いて、五つのけがれの起こる根本を説明しなかったのである。

「長者はこの大火が四方から起こったのを見て」というのは、「四方」とは、時代のけがれ〈劫《こう》濁《じょく》〉を除いた四つのけがれに譬え、如来が真理を身体とする地位にいて、人びとが四つのけがれにくらまされている現状をご覧になっていることを、この句は譬えるのである。

そしてこの火は、たまたまわけがあって長者が外出している間に起こったものであるから、長者は外からこの火を眺め、家の者たちを救うためにやってきたのである。この譬えを教説と結びつけていえば、如来は、前世において大乗教をもって教化されたが、そのときすでに人びとは大乗教にたいする理解を得たのである。ところが、如来の教化が終わって、如来が他の国土の教化に向かわれると、大乗教の理解を得た人びとはふたたび五つの感官の対象〈五塵〉に愛着し、さまざまの煩悩を起こして、もと得た理解を失ってしまった。それゆえに、真理を身体とする位にいる如来は、はるかにそれをご覧になって、かれらを教化しようと欲して来られたのである。

『本義』には、「四面」というのは、四つの生まれ方をとる生けるものたちが、五つのけがれのためにくらまされていることを譬えたものである、と解釈している。

「わたくしだけはこの焼けている家の門から安穏に出ることができた」というのは、長者自身すでに外に出ているのであるから、かれにとって、なんらの恐れもないという意味である。前と同様に、この譬えを教説と結びつけていえば、如来もまた大乗教によって、すでに迷いの世界における五つのけがれ・八つの苦しみから離れているのであるから、如来にとっては悲しむことはないのである。

しかしながら、この箇所の経文は、長者が家の内部にいたと見ることもできる。なぜならば、長者は智慧力を具えているから、たとい内部にいて火に遇《あ》っても、無事に脱出できるからである。この譬えを教説と結びつけていえば、同様に説明できる。つまり、如来は人びとを教化しようと願って、つねに迷いの世界にとどまっているけれども、如来は迷いの世界を住居とはしないのである。④

「心にいとわしいとも思わず、また家から出て行こうとする気持もない」というのは、六つの感官の対象〈六塵〉を避けようとせず、迷いの世界を出ようと願い求めるこころもない、ということに譬えている。

ここでは、差し当たって、「火」を五つのけがれ・八つの苦しみに譬え、「朽ちた家」を悪因に譬え、「子供たち」を修行者に譬えている。世俗の譬えを使って、家が朽ちているから出火しやすく、したがって家は焼かれると説明するのである。そうであるならば、この文から考えると、ただ朽ちた家の焼かれることは説明しているけれども、まだ子供たちは火に焼かれていないのである。子供たちは出火の原因も知っていないし、また自分の身体が焼かれるかもしれないということに気づいていないのである。なぜならば、もしも子供たちが焼かれていれば、遊び戯れることもできないのである。そう考えると、世俗の譬えを使って、ただ悪因によって苦果を受けるということを説明しているだけであって、修行者自身が苦しみを受けることを説明しているのではない。

「遊び戯れることを楽しみ、それに執着していて、さとらず、知らず、驚かず、怖れず、火がその身に迫り」というのは八つの苦しみの自覚さえなく、またそれらが現在、身に迫ってくることさえ知らないということを説明している。この世俗の譬えからすると、朽ちた家は、子供と別個の存在であり、子供は朽ちた家と別の立場において考えられているので、そのような譬えとして述べられているのである。しかし実際問題として、悪因によって苦果を受けることは、とりもなおさず、修行者が八つの苦しみに迫られることであって、修行者と八つの苦しみはつねに同時的存在であって、いかなる時であっても、それは八つの苦しみに苦しめられないということはありえない。だから、どうして修行者が八つの苦しみに迫られることを説明しないでよかろうか。

その理由は、つぎのとおりである。修行者は八つの苦しみに迫られているけれども、ただ六つの感官の対象に愛着して、そのことが五つのけがれ・八つの苦しみの生ずる原因となっていることを知らないということを説明するからである。一日中、苦しみを受けておりながら、愚かにも楽しみを受けていると錯覚しているから、「遊び戯れることを楽しみ、それに執着していて、さとらず、知らず、驚かず、怖れず、火がその身に迫り」というのである。このような解釈もまた、もっともであろう。ただ実際と譬えが、相即して一つのものだとはいえない。そこで、別の解釈を述べよう。

「子供たちは」より以下は、ただ原因の状態にあって、まだ未来の苦しみを知らない立場を譬えたものである。なぜならば、家が朽ちているからこそ、出火しやすいのであって、それは原因が悪いからこそ、苦果が起こりやすいということを譬える。しかしながら、子供たちは遊び戯れることを楽しみ、それに執着して、出火の原因も知らなければ、またその火に自分の身体が焼かれることも知らないのである。あたかも人びとが五つのけがれ・八つの苦しみが身に迫ることを知らず、また六つの感官の対象に愛着して、五つのけがれ・八つの苦しみがいまにも迫ってくることを知らないのと同様である。それゆえに、子供たちがまだ、火に焼かれていないということは、人びとが八つの苦しみを受けることを明かしていないのである。もし、すでに火に焼かれているというならば、経文に説くように、どうして遊び戯れておられようか。また、どうして火の熱いことを知らないでおられようか。八つの苦しみが修行者とつねに離れずに存在するということは、理論的にはそのとおりである。しかしながら、ただ原因の立場からいえば、実際と譬えに幾分の違いがあるのである。

さて、この譬えと先の理論的説明の相違についていえば、先の理論的説明では、「衆生のために大悲心を起こす」といって、「悲を起こしたのは、自分のためではない」といわなかったのにもかかわらず、いまここでは特別に、「驚きは自分のためではない」と述べている。しかしながら、これは大した意味の違いがあるのではない。先の経文は理論的説明であるから、ただちに仏と人びとをとり挙げて、人びとと仏は天地のごとく差別があるから、仏が人びとのように五つのけがれによってくらまされる道理はない。それゆえにただ「衆生のために」といって、「如来のためにではない」とはいわなかったのである。いまここでは、世俗の譬えであるから、父と子を挙げている。父と子は親子の関係である。もしも子が焼かれるならば、父もまた焼かれるのではないか、という疑いが生じるであろう。そこで「驚きは自分のためではなくて、それは子供たちのためである」といったのである。

親の心、子知らず

「わたくしは身体にも手にも力がある」という句のうちで、「身体」とは真理を身体とするもので、つまり仏に譬え、「手」とは仏の真実の智慧に譬える。この句の意味は、仏には真理という身体と真実の智慧という二つの力があるということである。「花を盛る器や机を抱え出すように、この家から逃げ出させよう」という句のうちで、花を盛る器は一因に譬え、机は一果に譬える。句の意味は、仏が真実の智慧という一理を説いて、人びとを迷いの世界から出させようとすることである。ここに至るまでの箇所が、まさに、仏の具える智慧は、微妙で最高第一のものであるということに譬えている。「またさらにこうも思った」以下は、子供たちが無智だから、力や富は用うべきでないということを説いて、「人びとには、まだ大乗を受ける機縁がないから、真実の智慧を用いるべきでない」と先の文で述べたことに譬えている。「この家には、たった一つの門しかなく、また狭小である」というのは、長者が「出ることのできる門はただ一門あるけれども、狭小だから出ることが難しい」と考えたのである。このことは、教化する方法はただ一つ、小乗教だけであるということに譬えている。しかしながら、小乗教では迷いの世界を離れることができないから、「狭小」といったのである。「子供たちは幼稚で、まだものごとをよく知らないから」というのは、ただ小乗教を受け入れる能力はあっても、大乗教を受け入れる能力のないことに譬えている。「遊び戯れることに夢中になっている。あるいは、火の中に転げ落ちて焼け死ぬかも知れない」というのは、六つの感官の対象に愛着して、三つの悪しき世界〈三塗《さんず》〉におち、八つの苦しみを受けることに譬えたものである。

「火とは何であるか」というのは、苦しみを知らぬことに譬える。「家とは何であるか」というのは、苦しみの原因を知らないことに譬える。「失うとはどういうことなのかも知らず」というのは、以前に得た大乗教の理解が失われたことを知らないことに譬えている。「ただ東西に走り戯れて、父を見るだけであった」というのは、南北を縦《たて》となし、東西を横とする。その意味は、人びとと大乗教の大理が東と西の関係のごとく、並列して置かれているということである。六つの感官の対象に向かってかけ走り、なに一つとり挙げるにあたいしないことばかりしているから、「走り戯れて」という。ただ遠くに仏の法身を望み見るだけで、仏の恩恵を受けないから、「父を見るだけであった」というのである。

三車の譬えによる説得

「この家はすでに大火に焼かれている」というのは、「家」とは迷いの世界である三界に譬え、大火とは五つのけがれ・八つの苦しみに譬える。

「わたくしとこの子らが、いまこそここから出なかったら、必ず焼け死ぬであろう」というのは、「わたくし」とは教化したもう仏に譬え、「この子」とは教化を受ける人びとに譬える。その意味は、いまこそ、すみやかに善を修めて、迷いの世界を出なければ、必ず五つのけがれ・八つの苦しみに迫られ苦しめられるということである。

問うていう。「さきには、子供たちはすでに、火事の被害を受けるといったが、ここの文では、家は焼けているけれども、まだ子供たちは焼かれていないのである。すなわち、子供たちは焼かれそうでありながら、まだ焼かれない状態にあることを知らないという説明になっている。これをどう解釈すべきであるか」と。

答えていう。「さきの文は現在の時点について説明しており、ここの文では未来について述べているから、このように違いがあるのである。なぜならば、もしも現在の時点についていえば、悪因と苦果と修行者の三つは、みな相即して同時のものであるから、子供たちも焼かれることになる。しかしながら、未来について述べれば、今日の修行者は、まだ未来の苦を受けていないから、家は焼けても、子供はまだ焼かれないのである。そもそも、ことばというものは、その場その場で適切に使うべきものである。どうして、いつも同じに使う必要があろうか」と。

「わたくしはいま、方便を設けて、子供たちをこの危難から免れさせねばならない」というのは、長者が羊・鹿・牛の三車を用意して、子供たちを誘って家の外に引き出そうと考えるのである。さきの文で、如来が、「わたくしは、方便によって三乗を説いて、三界を出離させよう」とされたことに譬えている。

「父は、子供たちがこれまでの心に」より以下は、長者がよく子供たちの心中の喜びを知っていることを説明し、如来が三乗の人の心の喜びを見抜かれることに譬える。「これまでの心に」というのは、今日、小乗教を希求する心があるならば、そののちに必ず大乗教を求める心を起こすものであるから、のちの心に比較していまの心を「これまでの心に」というのである。「それぞれ好きな」というのは、三乗の人のおのおのの欲求を見抜かれることに譬える。すなわち、これはさとりを求める三種の原因をいう。「珍しい玩具や変わったもの」というのは、三種の原因に対応する結果に譬える。

「そのとき、子供たちは」より以下は、第四に子供たちが三車の勧誘を受け入れることを明かして、三乗教を受け入れる能力の者がこれを聞いて修行することに譬える。その意味は、さきの文に三乗の名を示されたことと同じである。なぜならば、もしも教えを受けて修行しなければ、三乗という名前は存在しないであろう。この箇所を二つに分けると、第一に、子供たちが聞いて、希望にかなったものだと喜ぶことを説き、三乗の人が教えを聞いて、三種の結果があると喜ぶことに譬えている。第二に「心は勇み立ち」より以下は、子供たちが三車の勧誘を受け入れたことを説明して、三乗の人が、まさに三乗教を受け入れて修行することに譬えている。「心は勇み立ち」というのは、三乗の人が三乗教によって修行して、外凡の位における善心を生じることに譬える。「互いに押しあい」というのは、内凡の位における善心を生じることに譬える。「先を争って……走り出た」というのは、あらゆるもののとらわれを離れた無相の境地に入って仏道を完成し、迷いを断つことに譬える。「燃える家から走り出た」というのは、迷いの世界を出て、各自が三種の結果をさとることに譬える。

しかしながら、この譬えとさきに述べた理論的説明との間に異なった点が二つある。第一の点は、つぎのようである。さきの理論的説明に二つあって、第一には、小乗教によって人びとを教化することができることを説明する。第二には、人びとの疑いの心を解いて、「久遠の昔から、涅槃の教えをたたえて人びとに示し、かれらをして輪廻・生死の苦しみを断って、未来永劫に迷わないものにしようと、このようにわたくしはつねに説いてきた」と述べる。さて、ここでいう譬えの中では、ただ子供たちを求めることができるというだけで、かれらの疑いを解く説明文がない。それは、さきの理論的説明において、釈尊以前の仏を引いて証明したから、理論上、つぎのような疑念が起こるのも当然であろう。つまり、「過去仏ではなく、現在の釈尊がなぜこのようにすることができないのか」と。そこで、この疑いを解いて「釈尊もまたつねにこのようにするのである。なぜならば、人びとを教化するには、諸仏と同じようにすべきものであるから」と述べている。ところが、いま、この譬えには、さきに出した文を引用していないから、疑いを起こす余地はない。だから疑いを解く文も必要ないのである。

第二の異なった点についていえば、さきの理論的説明の中に、いまの文にない意味が三つ含まれていた。一つには、諸仏が釈尊の考えの適切であることをたたえて、「こう考えたとき、十方の仏がみな現われて、清らかな音声でわたくしを慰められた、『よいかな釈尊よ』と」といい、二つには、釈尊が諸仏の讃嘆を受けて、「舎利弗よ、まさに知れ。わたくしは聖なる獅子である諸仏の、きわめて清浄で微妙な音声を聞いて、喜んで南無仏と称えた」と説かれているし、三つには、自己の所信を決定して、「このように思った。『わたくしは濁悪の世の中に出現したのであるから、諸仏の説かれたとおりに随順して修行しよう』」と説かれてあ

る。（以上の三つは割愛した「方便品」の偈からの引文）

ところが、いまこの譬えの中には、以上の三つが省略して記されていない。そのわけを説明すれば、さきの理論的説明では過去の諸仏をとり挙げて、自己の所信を表明したから、諸仏もまた、よろこんで釈尊をたたえたのであるから、たがいに報いるのが道理である。だから、釈尊は諸仏のたたえに応《こた》えられたのである。すでにたたえたものではない。先人の道を説き明かした釈尊であるから、釈尊自身に過失があってはならないと心をつかわれたのである。だから、自己の所信を決定したわけである。いまこの譬えでは、ただ自分で考えればよいのであって、先人のあとに追随することがないから、先人をたたえることがないのである。たたえることがないから、報い応えることもない。また、自分で考えるだけでよいのだから、自己の所信を決定することもないのである。しかしながら、これらはただことばの上の解釈であって、実際は、中程度の能力の人は最上の能力の人に及ばないから、さきの理論的説明を聞いて、さとる者もあればさとらない者もあるわけである。したがって、この譬えによる説明においては、さとるべき者には、省略して、重ねて説くことをしなかったのである。

災難をまぬがれた子供たち

「このとき長者は、子供たちが安全に家から出ることができて」より以下は、第五に、長者が災難をまぬがれた子供を見る譬えである。これは先の七種の理論的説明の第五、「人びとが大乗教を聞こうと発心したすがたを釈尊がご覧になられた」と名づけた譬えである。このなかに、二つのことがらが譬えられている。第一に、長者が、火事で燃えている家から安全にのがれ出た子供たちを見ることを説き明かして、三乗の人が三乗教によって修行して、迷いを断ち、迷いの世界から出でて、もはや学ぶべきもののないさとりの位〈無学果〉に到達することに譬え、第二に、「みな、四つ辻の広場に坐って」より以下は、長者が安堵の思いを得た子供たちを見ることを説いて、もって如来が三乗の人に大乗教を受け入れる能力の起こったのを見たもうたことに譬える。「四つ辻」というのは、大乗教で説く四摂事や四無量心に譬える。そのわけは、三乗の人が大乗教で説く下化《げけ》衆生、すなわち、下は人びとの教化に徹するこころを起こすことをいう。「広場に坐って無事であった」という句のうちで、「広場」とは、仏のさとりの境地に譬える。つまり、仏のさとりの境地は、五つのけがれ・八つの苦しみによっておおいかくされないから、「無事」というのである。なぜならば、三乗の人が大乗教で説くところの上弘《じょうぐ》仏道、つまり、上は仏道を弘めるこころを起こすことをいう。

子供たちは三車を求める

「父よ、さきにあげるといわれた羊の車、鹿の車、牛の車の玩具をわたくしたちにください」という句の意味は、つぎのとおりである。子供たちが火事で燃えている家の中にいたとき、長者が門の外で三つの車を与えようといったので、子供たちは、三車をもらいたいと願って、燃えている家から外に出た。ところが、門の外に出てみると、乗るべき三つの車が見当たらない。そこで、子供たちは父に向かって、「父よ、さっき、わたくしたちに与えるといわれた三種の宝車を、どうかわたくしたちにください」といった。この譬えを教説と結びつけていえば、つぎのとおりである。

如来が昔の三乗の人にたいして、「いま、迷いの世界の外に究極の三種のさとりの結果があるのである。おまえたちは、煩悩のけがれなき境地を求めて修行し、迷いの世界における煩悩を断じつくして、すみやかに迷いの世界を出て、三種のさとりの結果を獲得しなさい」といわれたので、そのことによって、三乗の人たちは三種のさとりの結果を得ようと願い、如来の教えどおりに修行して、迷いを絶ち、競って迷いの世界の外に出た。ところが、迷いの世界の外には、なお依然として、聖者が受ける輪廻が窮まりなく続いており、しかも修めねばならない絶対の聖なる四つの真実があった。そこで、いまの譬えによって解釈すると、つぎのようになろう。「如来が、さきほどわれわれに与えるといわれた三種の究極のさとりは、実在のものなのか、それとも実在しないものなのでしょうか。もしも実在のものであるならば、いまわれわれにお与えください」と、三乗の人たちは如来に請うのである。

「求めること」という意味を解釈して、これを教説の中に求めるという説、意《こころ》の中に求めるという説、あるいは各自の能力の中に求めるという説などがあるが、いったい、どの説が適当であるのか、明らかではない。ただ、わたくしが考えるには、これは各自の能力の中に求めると解すべきではなかろうか。なぜなら、世俗の譬えによって考えると、その場合はことばの中に求めるとも、また意の中に求めるともいえようが、事実について考えると、三乗の人が大乗教を信ずる能力を起こすといっても、如来がまだ唯一絶対の教えを説き明かさない以前に、「三種の教えを区別して三乗教を設けているが、本来、そのような区別は存在しない」ということが、どうして知られようか。「本来、三乗教という区別は存在しない」ということが知られていないならば、どうして言葉や意の中に求めるということがありえようか。それゆえにただ、各自の能力の中に求めるというのである。

平等に大車を与える

「それぞれの子供たちに、同じように大きな車を与えた」というのは、如来が平等に、三乗の人のために一乗の大理を説かれたことに譬える。第二に「その車は高く広く」より以下は、見事にしつらえた車の特徴を説明して、今日説くところの一乗教のさとりには、万徳がすべて具わっていることを譬える。第三に、「それはなぜか」より以下は、見事な車のしつらいを説明して、一乗のさとりが万徳を具えていることとの解釈を譬えている。

大車に乗って歓喜する

「このとき、子供たちは、おのおのこの大きな車に乗って」というのは、三乗の人たちがそれぞれ、今日説き明かす一乗教のさとりを得たことを譬える。「これまで体験することがなかった喜びを得た」というのは、はじめに望んでいたものではなかった一乗教のさとりを、今日、ただちに得たことを譬える。

如来の教化のこころ

「舎利弗よ、如来もまたそのとおりなのだ」より以下は、長者窮子《ぐうじ》の譬えに照合させながら、如来の教化のこころを説く部分である。

「この迷いの世界を逃れたものたち」というのは、大乗教を信ずる能力を起こすならばという意味である。

「一相」というのは、一乗教で説く絶対の理の特相をいう。

「一種」というのは、一乗教において修める諸善が仏のさとりとなるものであるということである。

「聖者によってたたえられ、清らかで最もすぐれた楽しみを生ずる」というのは、一乗教によって得られる仏のさとりが最上の安楽であるということをいい、さきの譬えでいう、長者が子供たちに与えた大きな車が、いずれもいろいろの見事なしつらいを備えているようなものである。

重ねて偈によって説く

いま、「たとえば、長者に」から「満足して四方八方に遊びまわった」までの偈《げ》は譬えを挙げている。すでに、本章の前半の散文の部分において、譬えとして挙げた開譬に十種の譬えのあることを論じた。ところで、いまの偈には九種の譬えが述べられていて、第十の「長者が虚言をいわなかった譬え」が省略されている。

しかしながら、この九種の譬えを挙げる偈の中には、前の散文に出す譬えの文章と同じものもあるし、あるいは足らないものもある。また散文の説明にないので、趣旨を補うためにくわしく述べたものもある。あるいは、意味は同じでも、文章の違うものもあって、すべてが同一であるとはいえない。これはおそらく、聖者の説法というものがその場その場に適切な教えを説かれるものであるから、ときには、短い文章で多くの意味をあらわし、ときには長い文章でわずかな意味をあらわし、ときには、同じ文章で異なった意味を述べ、またときには、異なった文章で同じ意味を明かされるためである。したがって、いまの場合もあやしむ必要はないのである。

さきの散文における「宅主の譬え」の中には六つの意義が含まれていた。第一は、宅主のこと。第二は、その家が広大であること。第三は、門はただ一つであったこと。第四は、五百人の者がその中に住んでいたこと。第五は、火事が起こったこと。第六は、三十人の子供のことである。それにたいして、この偈では、宅主のこと、その家が広大であること、五百人の者が住んでいたこと、火事が起こったことの四つの意義を述べて、門はただ一つであったことと三十人の子供のことは略して述べられていない。すなわち、「足らないもの」の部分である。それというのも、この偈で四つの意義だけを説いているからである。

偈の最初の一句「たとえば、長者に」というのは、第一の宅主の意義を述べている。前の散文では、宅主の意義を述べるにあたって二つとしていた。すなわち、第一は宅主の身分を出し、第二に宅主の徳性を述べているが、ここでは、徳性をたたえることを省略している。これもいわゆる「足らないもの」であって、散文では「かれの年は衰え老い、富裕で財産は無量であり、田地・家宅・下男たちをたくさん持っていた」と説いている。

「一つの大きな邸宅があった」から「けがれたものが充満している」までは、その家が広大であるという意義を述べたものである。前の散文では、ただ「その家は広大である」と述べているだけであるが、この偈ではくわしく家の様子を説明している。これは、いわゆる「散文の説明にないので、趣旨を補うためにくわしく述べた」ことになる。この偈の解釈は、前に述べたことと同じである。

「この中に五百人の者が住んでいた」から「四方を窺《うかが》い見ている」までは、五百人についての意義を述べている。

「この朽ち古びた家は、ある人の持物であった」から、「無数の災難で満ちていた」までは、火事が起こったことについての意義を述べている。

五百人についての意義を述べる偈を二つに分けると、第一に、「この中に五百人の者が住んでいた」というのは前の散文の部分を詩句に詠んだものであり、第二に、「とび・ふくろう・くまたか・わし」より以下は、五百人の性質や考えや行ないのそれぞれの違いを説明したものであって、いわゆる「散文の説明にないので、趣旨を補うためにくわしく述べたもの」に当たる。『本義』の解釈によれば、「とび・ふくろう・くまたか・わし」から「無数の災難で満ちていた」までを、第五の「火事が起こったこと」についての意義を述べるものと解している。

「この朽ち古びた家は」から「無数の災難で満ちていた」までは、火事が起こったことについての意義を述べたものである。これを三つに分ける。第一に、「四面一時に燃えさかった」までは、まず火事が起こったことを説く。第二に、「もろもろの鬼どもは」より以下は、火事に焼かれるありさまを説く。第三に、「この朽ち古びた家は、……無数の災難で満ちていた」という偈は、火事が起こったことの意味を結論づける。

「このとき、家の主は」から「人が告げる」までは、前の散文における第二の譬え「長者が火事の起こるのを見る譬え」を偈に詠んでいる。

「長者は聞いて」から「遊びまわってやまない」までは、前の散文における第三の譬え「長者が子を求めても得ることができない譬え」を偈に詠んでいる。

「そこで、長者は」から「苦難を離れた」までは、第四の譬え「長者が三車を用いて子を求めようとして、求め得た譬え」を偈に詠んでいる。

「長者は子供たちが燃える家から出て、四つ辻の広場にいるのを見て」という句は、第五の譬え「長者が災難をまぬがれた子を見る譬え」に相当し、「このとき長者は、子供たちが安全に家から出ることができて、みな、四つ辻の広場に坐って無事であったのを見て」という散文を偈に詠んだものである。

「獅子の皮を敷いた椅子に腰をおろした。……安堵の思いを語った」という偈は、第六の「災難をまぬがれた子を見て、長者が歓喜した譬え」を説明して、散文の「かれの心は落ちつき、歓喜し、躍り上がった」を偈に詠んでいる。

「そこで、子供たちは」から「『……車をください』といった」までは、第七の譬え「子供たちが三車を求める譬え」を説明して、前の散文で、「父よ、さきにあげるといわれた羊の車、鹿の車、牛の車の玩具をわたくしたちにください」と述べたものを偈に詠んでいる。

「長者は大富豪であったから」から「子供に与えた」までは、第八の譬え「長者がそれぞれの子に同じ大きさの車を与える譬え」を偈に詠んでいる。

「子供たちは、……四方八方に遊びまわった」という偈は、第九の譬え「子供たちが車に乗ることができて歓喜する譬え」に相当し、散文の「このとき、子供たちは、おのおのこの大きな車に乗って、これまで体験することがなかった喜びを得た。しかしながら、これは子供たちがはじめに望んでいたものとは違っている」を偈に詠んでいる。

この「譬喩品」は、開三顕一の意義を説明するのに譬えを使い、それによって中程度の能力の者を教化する一章である。すでに見たように、この部分は二つに分けられる。その第一は、舎利弗が仏に向かって「疑いからかれらを解放させてください」と願った、舎利弗の要請の部分であり、第二は、仏が舎利弗に説かれた解答の部分である。仏の解答をさらに二つに分けると、第一は、仏が舎利弗を叱った部分であり、第二は、まさしく仏が答える部分である。

まさしく仏が答える部分を、さらに三つに分ける。その第一は、舎利弗の要請をうけて、すぐに聴衆のために説くことを承諾された部分、第二は、広く譬えを挙げて三乗教を開除して一乗教を顕示し、もって中程度の能力の者を教化する部分、第三は、中程度の能力の者にすすめて、同一の真実に帰するという理法を信じさせる部分である。

「わたくしは真理の教えの王であり」より以下、偈文の末にいたるまでは、ここでいう第三の「中程度の能力の者にすすめて、同一の真実に帰するという理法を信じさせる」ことを説く。これをさらに三つに分ける。第一に、「みだりにこの教えを説いてはならない」までは、まず信ずべき教法をたたえる。第二に、「もしもわたくしの教えを聞く者がいて」より以下は、信ずる人に福徳が重いほど集まることをたたえる。すなわち、自利の実践をすすめるものである。第三に、「また舎利弗よ、高慢にして」より以下、偈文の末にいたるまでは、この経を説き弘める方法を説く。すなわち、利他の実践をすすめるものである。

第一の「まず信ずべき教法をたたえる」部分について、これを三つに分ける。第一に、「この世に現われたのだ」までは、教法を説く人の身分を述べる。すなわち、世間の人びとの中で尊い人ということである。『本義』の解釈によれば、この偈は「長者が虚言をいわなかった譬え」に合わせて偈に詠んだうちで、結論となるものだという。第二に、「世間の人びとの利益のために説かれるのだ」までは、仏によって説かれた教えを述べる。すなわち、この教えがまことに世間の人びとを利益する尊い教法であるということである。第三に、「みだりにこの教えを説いてはならない」までは、教法を軽んじてはいけないと戒める。すなわち、世間の人びとの中で尊い人の説いた教法を、決して軽んじあなどって他の人びとに説いてはいけないということである。「真理の教えの旗印〈法印〉」というのは、すでに述べた譬えによる説法をいうのである。

第二の「信ずる人に福徳が重いほど集まることをたたえる」部分について、これを二つに分ける。第一に、信ずる人に福徳が重いほど集まることをたたえる。第二に、「この『法華経』は」より以下は、不信の者を挙げて、信心の人をたたえる結びとしている。

「また舎利弗よ」より以下、偈文の末にいたるまでは、第三に、本経を説き弘める方法を説く。これを二つに分ける。第一に、「無智の人びとの中にて、この経を説いてはならない」までは、無信の者には、この経を説くべきでないことを明らかにする。第二に、「もしも仏道を求める人にして、才能すぐれ」より以下、偈文の末にいたるまでは、信心の者には、この経を説くべきであることを明らかにしている。

（1）『法華経』は、仏の教えがすべての者を同一のさとりに至らしめるためのものであり、そして仏のさとり（法身）が常住・不変のものであることを示すために、七つの譬喩を説いている。これを「法華七喩」という。火宅の譬え（火宅喩・火宅三車喩などともいう）は、そのうちの一つである。「火宅」とは、まよいの人間界であり、「子どもたち」とは、二乗ないし三乗の人びとであり、そして「三車」とは、三乗の教えをいう。つまり、羊車を声聞乗、鹿車を縁覚乗、牛車を菩薩乗に譬えて三車としている。そして、火宅から脱れさせて門外に用意した同一の大白牛車を、それぞれの子どもに与えたというのは、方便の三乗をすてて真実の一仏乗に帰入させようとする仏の大悲を示すものである。中国の法華経研究者のあいだでは、方便の牛車と第四の大白牛車を同一のものと解する三車家（三論宗や法相宗）と、牛車と大白牛車とは別のものとする四車家（天台宗や華厳宗）がある。太子は法雲の注釈によっているから、四車家の流れを汲む。以下、七喩の所在を挙げよう。

①火宅喩…譬喩品第三
②窮子喩《ぐうじゆ》（長者窮子の喩）…信解品《しんげ》第四
③薬草喩（雲雨喩）…薬草喩品第五
④化城喩《けじようゆ》（宝処化城の喩）…化城喩品第七
⑤衣珠喩《えしゆゆ》（繋珠喩《けしゆゆ》）…五百弟子受記品第八
⑥髻珠喩《けいしゆゆ》（頂珠喩）…安楽行品第十四
⑦医子喩（医師喩）…如来寿量品第十六

（2）散文の部分のうち、第一の開譬に当たる箇所は「舎利弗、若国邑聚落……善哉善哉如汝所言」（岩波文庫『法華経』上、一六〇～一七〇ページ）。第二の合譬に当たる箇所は「舎利弗、如来亦復如是……分別説三」（同上、一七〇～一八二ページ）。また詩句の部分は「譬如長者……妙法華経」（同上、一八二～二二〇ページ）。

（3）「すでに理論面から十種に分けて説いた教え」とは、前章の「方便品」中、「五仏」の第五釈迦の開三顕一を明かす散文の部分（三七ページの「舎利弗よ、わたしもまた、いまそのとおりである。……ただ一仏乗の教えだけがあるのである」ただし、抄訳である）と、およびそれを詩句にまとめた部分（「今我亦如是、安穏衆生故……教化諸菩薩、無声聞弟子」岩波文庫『法華経』上、一二〇～一三〇ページ）に相当する。とくに詩句の部分について、「譬喩品」の「火宅の譬え」に対応させるために、太子はその内容を十種に分けている。十種の理論的説明に相当する「方便品」の詩句を、岩波文庫『法華経』上のページ数によって示すと、

第一「今我亦如是……宣示於仏道（顕一）我以智慧力……皆令得歓喜（開三）」（一二〇ページ）
第二「舎利弗当知……而起大悲心」（一二二ページ）
第三「我始坐道場……疾入於涅槃」（一二二～一二四ページ）
第四「尋念過去仏……我常如是説」（一二四～一二六ページ）
第五「舎利弗当知……無量千万億」（一二六ページ）
第七「咸以恭敬心……今正是其時」（一二六～一二八ページ）
第六「舎利弗当知……於諸菩薩中」（一二八ページ）
第八「正直捨方便　但説無上道」（一二八ページ）
第九「菩薩聞是法　疑網皆已除」（一二八ページ）
第十「汝等勿有疑……無声聞弟子」（一三〇ページ）

（4）原文は「如来雖㆔欲㆑化㆑物常在㆓三界㆒、而不㆘以㆓三界㆒為㆖住也」とある。法身の性格を端的に示すことばであろう。太子の『勝鬘経義疏』では、法身を応身と真身の二面に分けて説明しているが、ここでいうところの三界のうちにある如来を応身、三界に止住しない如来を真身にあてはめてみることができる。また、為物身と実相身との関係から見ることもできよう。

寿量品第十五①

そのとき、仏は求道者たちのすべての人びとに向かって、「立派な者たちよ、おまえたちは如来の真実のことばを信じなさい」といって、同じことを三たび告げられた。

このとき、求道者たちは弥勒《みろく》（マイトレーヤ）を代表として仏に向かって、「世尊よ、どうかその意味を説いてください。われわれは仏のことばを信受するでありましょう」といって、同じことを三たびいった。

そのとき、世尊は求道者たちが三たび請うてやめないのを知って、かれらにこう告げたもうた。――

「この世に住むすべての神々や人間や阿修羅たちはみな、『いまの釈迦牟尼《しゃかむに》仏は、釈迦族の都

（カピラヴァスツ）を出て出家し、伽耶城《がや》（ブッダ・ガヤー）に近い菩提樹下のさとりの場で、この上ない正しい仏のさとりを得た』と考えている。しかしながらわたくしが仏となって以来、実に無量無辺百千万億那由他劫《なゆたこう》という長い年月を経ている。たとえば、ある人がいて、五百千万億那由他阿僧祇《あそうぎ》という数の三千大千世界を磨《す》り潰《つぶ》して微細な粒子〈微塵〉となし、東方における五百千万億那由他阿僧祇という数の国々を過ぎるときに、その一粒子を捨て、このような方法で東方に進んで行って、これらの粒子が全部なくなったとしよう。こうした無数の世界を構成する微細な粒子の数を考えたり計算したりして、その数を知ることができるだろうか」と。

求道者弥勒たちは、仏にたいして、このように答えた。

「世尊よ、このもろもろの世界の微塵の数は、計算によって知ることができません。実に、無数であり際限のないものであります」

そのとき、仏は求道者の大いなる集まりに向かって、このように告げたもうた。

「このもろもろの世界において、微細な粒子を捨てた世界にしろ、また捨てなかった世界にしろ、すべての世界をことごとく微細な粒子にして、その一粒子を一劫と数えるとしよう。わたくしが仏になって以来の年月は、その劫数よりもさらに多い百千万億那由他阿僧祇劫である。わたくしは仏となって以来、わたくしはつねにこの娑婆《しゃば》世界において教えを説き、人びとを教化している。

また、よその百千万億那由他阿僧祇という無数の国においても、人びとを導き、かれらに利益を施してきた。しかも、その間において、わたくしは燃灯仏（ディーパンカラ如来。釈尊のすぐ前の過去仏）などの過去仏のことを説き、またそれらの仏が完全なさとりに入ったと説いてきた。それらについてはみな、方便によって説き明かしたのだ。

なぜ如来によって経典が説かれたかといえば、人びとをことごとく救うためである。あるときは自身について語り、あるときは他人について語り、あるときは自身を示し、あるときは他人を示し、あるときは自己の事例を示し、あるときは他人の事例を示すのである。いずれの場合でも、その語るところは真実であって、虚妄《こもう》ではないのだ。それはなぜかというと、如来は迷いの世界のすがたをありのままに見るからである。すなわち、迷いの世界は生ずることもなく滅することもなく、消滅することもなく出現することもなく、世に存在するものでもなく滅するものでもなく、実でもなく虚でもなく、このようなもの〈如《によ》〉でもなく別異のものでもないことを見る。迷いの世界にいるものたちがその迷いの世界を見るのとはちがっているのだ。如来は、これらのことを誤りなく明らかに見るのである。

人びとの中には、いろいろの性格・欲望・行為・想念・判断があるから、かれらにさとりへの善根を生じさせようと思い、如来は因縁談・譬喩《たとえ》・言辞《ことば》をもって、種々の説法をなし、如来としてなすべきことを、いまだかつて少しのあいだも休まずになして来たのだ。このように、わたくしが仏になって以来、久遠の年月がたっている。わたくしの寿命は無量無数劫の長さをもち、しかも常住であり不滅である。

立派な者たちよ、わたくしがその昔、求道者の道を実行して完成して得た寿命は、今日なお尽きることがないばかりか、人びとを救うためにはさらにいままでの二倍の年数がいるのだ。したがって、いま、わたくしは実際にこの世において入滅するのではないけれども『わたくしは、この世において入滅するであろう』と告げるのは、方便によって人びとを教化しようとするためである。もしも如来がこの世につねに存在して滅することがないと知ったならば、人びとは怠りのこころをいだき、また『如来に出会うことはむずかしい』という思いや、如来を敬う心が生じなくなる。それゆえに、わたくしは方便を用いて、『修行僧たちよ、この世に出現する仏たちに出会うことは、むずかしい』というのだ。

そこで、如来は実際にこの世において入滅するのではないけれども、しかも、『この世において入滅する』と告げるのである。立派な者たちよ、もろもろの仏たちの教えはみな、このようである。人びとを救うためであるから、すべて真実であって、虚妄ではないのだ。

たとえば、良医がいるとしよう。かれは智慧があり聡明であって、薬を処方することにすぐれ、あらゆる病気を治すことができる医師である。かれにたくさんの子供がいて、その数、十人、二十人、あるいは百数十人としよう。この医師が、ある用事で遠く他国に出かけた。そのあとで、子供たちは毒薬を飲み、毒にあたって悶《もだ》え苦しみ、地上をのたうちまわった。ちょうどそのとき、父親が家に戻って来た。子供たちは毒を飲んだために、ある者は本心を失い、ある者は失わないでいたが、はるかに父親のすがたを見て、みな大いに喜んで、『お願いです。治療してください。わたくしたちの生命を助けてください』といった。

父親は、子供たちが苦しんでいるのを見て、さまざまな処方によって、色も香りも味もよく具わった薬草をとり出し、石臼で磨り潰し、まぜ合わせて、子供たちに飲ませようとして、『この薬を飲みなさい。病気はなくなるだろう』といった。子供たちの中で、本心を失っていない者たちは、この色も香りもよい良薬を見て、すぐに飲み、病気は完全になおった。本心を失った者たちは、父親のやってきたのを見て喜んだけれども、薬を飲もうとしなかった。そこで、父親は薬を飲ませるために方便を設けて、その子供たちに向かって、『わたくしは年老い、老いさらばえて、死期も近づいた。この良薬をここに用意しておくから、おまえたちは飲むがよい。病気が治らないなどと心配する必要はないのだ』といった。

こう教えておいて、父親は他国に行き、使者を家に遣わして、『おまえたちの父は死んだ』

といわせた。これを聞いた子供たちは、たいそう憂い悩んで、『父がこの世におられたら、われわれを慈しんで、救い護ってくださるだろう。ところがいま、われわれを捨てて遠く他国で亡くなられた』と思った。子供たちは、このように悲しみをいだくことによって、ついに心が目醒《めざ》め、かの薬の色も香りもよいことを知って、それを飲み、毒の病は完全になおった。父親は子供たちの病気がすっかりなおったことを聞いて、ただちにわが家に帰り、子供たち全部に会ったということである。

立派な者たちよ、おまえたちはどう思うか。人はだれでも、この良医が虚妄の罪を犯したといって、言いふらすであろうか」

「そうではありません」

仏はこのように告げたもうた。

「わたくしもまたそのようなものである。仏となって以来、無量無辺百千万億那由他劫を経ている。人びとを救うために、方便力によって、『この世を去るであろう』といったまでであって、これをそのままうけとって、わたくしの説く方便の教えが虚妄のものであるとして非難する者はないであろう」

この章の組織

この章は、如来の寿命が長遠であることを究明するのに、微細な粒子〈微塵〉という量の単位を用いてなすから、「寿量品」というのである。これは、地上に出現した如来の八十年という短い寿命を展《の》べ開いて、如来の寿命が長遠であることを顕わし、それによって仏のさとりも長遠であることを説明する中の第三であって、ここでは如来の八十年の生存を展べ開いて、永遠の存在者たる如来を顕わし、人びとの疑問を断って、かれらに仏への信を生ぜしめることを説く。この章に散文と詩句〈偈〉の二つがある。

散文の部分を三つに分ける。第一に、如来が三度、信ぜよと戒める。第二に、「このとき、求道者たちは」より以下は、弥勒などの求道者が如来の勅命を受ける。第三に、「そのとき、世尊は求道者たちが三たび請うてやめないのを知って」より以下は、まさしくこの章の趣旨をくわしく説く。前の二つの項は、経文に当たって理解するがよい。

ただ、第三の「まさしくこの章の趣旨をくわしく説く[2]」という項の中で、理論的説明と譬えによる説明がある。理論的説明の中をさらに二つに分ける。第一に、はじめより「わたくしの寿命は無量無数劫の長さをもち、しかも常住であり不滅である」までは、仏となって今日にいたるまで、久遠の時間を経過していて、ただ四十余年ではないことを説明する。第二に、「立派な者たちよ、わたくしがその昔、求道者の道を実行して」より以下は、現在とおよび未来においても、寿命が長遠できわまるところがなく、したがって、ただ七百阿僧祇劫③に限定されるものでないことを説明する。

方便の説法

「立派な者たちよ」より以下は、仏となってから今日にいたるまで、寿命が長遠であることを説明するうちの第二で、「四種の方便」を説き明かし、それによって、おのずから寿命の久遠であるという意味を顕わしている。そこでは、「四種の方便」を説き明かすから、説明が順を追って四段になっている。一つには、燃灯仏などについて説明する。二つには、仏の名前に不同のあることを説明する。三つには、いま現にはじめて全智者として智慧を完成することを説明する。四つには、人に応じて説くことが異なることを説明する。つまり、このような四種のすぐれた働きによって、仏は自由自在に人びとを教化するのである。もしもまだ仏となっていなければ、どうしてこのようなことができようかという趣旨である。

「その間において」というのは、過去久遠の昔より今の王城（カピラヴァスツ）に生まれるまでの間をいう。

「わたくしは燃灯仏などの過去仏のことを説き」というのは、実際は定光仏すなわち燃灯仏とは釈迦仏のことなのであるが、ただ人びとを教化しようと思って、釈尊自身と別の過去仏として説かれたのである。

四つに、「人に応じて説くことが異なることを説明する」という中を、三つに分ける。第一に、ただ人びとを教化しようと願うから、説くことが異なるということを説く。第二に、なぜ異なるかという理由を解釈する。第三に、「人びとの中には」より以下は、説くことが一定したものでないことをさらに重ねて説明する。

「あるときは自身について語り、あるときは他人について語り」というのは、あるときは他人のことを説いて自身のことを説明し、あるときは自身のことを説いて他人のことを説明するという意味である。この二句は、教えによる利益を明らかにしている。

「あるときは自身を示し、あるときは他人を示し」というのは、あるときは他人のすがたを見せて自身であると示し、あるときは自身のすがたを見せて他人であると示す意味である。この二句は、身体による利益を明らかにしている。

「あるときは自己の事例を示し、あるときは他人の事例を示すのである」というのは、あるときは他人の事例を示して自己の事例とし、あるときは自己の事例を示して他人の事例とするという意味である。この二句は、万事について反対のことを示すことを明らかにしている。

第二に、なぜ異なるかという理由を解釈する。疑問を提出しよう。「このように、自と他という反対のことを説く理由はなにか」と。答えていう。「理というものは、もともと固定した本性のあるものではない。如来は明らかにこの理に達しているから、このように反対のことを説くことができるのである」と。

「如来は迷いの世界のすがたをありのままに見るからである」というのは、迷いの世界には固定した本性というものがないことを観察するということである。「生ずることもなく滅することもなく、消滅することもなく出現することもなく」というのは、理の本来の立場からいえば、憂うべき死もなければ喜ぶべき生もない。また、退いて愚者となるものもいなければ進んで聖者となるものもいないということである。

「世に存在するものでもなく滅するものでもなく」というのは、世俗の者は凡夫であり、涅槃のさとりを得たものは聖者である、というようなこともないという意味である。

「実でもなく虚でもなく、このようなもの〈如〉でもなく別異のものでもない」というのは、尊い教えは真実だから取るべきであるということもなく、世俗のことがらは虚仮のものだから捨てるべきであるということもなく、またありのままの理であるからたたえるべきであり、理にたがうものであるから非難すべきであるということもない。

「迷いの世界にいるものたちがその迷いの世界を見るのとはちがっているのだ」というのは、要するに、迷いの世界の見解によって、迷いの世界を見ないということである。[4]「如来は、これらのことを誤りなく明らかに見るのである」というのは、明らかにこの「理」に達しているから、このように反対のことを説くことができるという意味である。

なぜ仏は入滅しないのか

「立派な者たちよ、わたくしがその昔、求道者の道を実行して」より以下は、理論的説明を挙げて如来の寿命が長遠であることを説明する中の第二、「現在とおよび未来においても、寿命が長遠できわまるところがなく、前に示した年数の倍になる」[5]ということを説明する。これを二つに分ける。

第一に、現在とおよび未来においてもまた、如来の寿命が長遠できわまりないことを説明する。第二に、「したがって、いま、わたくしは実際にこの世において入滅するのではないけれども」より以下は、人びとの疑いについて解釈する。その疑いというのは、もしも如来の寿命が現在とおよび未来においても、長遠できわまりなく、前に示した年数の倍であるというならば、仏は久しくこの世にとどまって人びとを教化することができるであろう。ところが、いまここで、「わたくしは、この世において入滅するであろう」というならば、人びとは仏の寿命の長遠を信ずることができない。それゆえに、このような疑いを晴らすために、つぎのことばが説かれるのである。すなわち、『わたくしは、この世において入滅するであろう』と告げるのは、人びとを教化しようとするために、方便をもって仮にこの世における入滅を示すのであって、これは実際の入滅ではない」と。

良医の譬え

いま、この譬えによる説明もまた、七種に分けられる。

第一に、「良医の譬え」[6]と名づける。これは、前述の理論的説明の第一、「わたくしはつねにこの娑婆世界において教えを説き、人びとを教化している」ということに譬えている。[7]

第二に、「この医師が、ある用事で遠く他国に出かけた」という句は、「良医が他国に出かけた譬え」と名づける。これは、前述の第二の、仏が他の世界の人びとを教化したことに譬える。

第三に、「そのあとで、子供たちは」より以下は、「良医が家に戻った譬え」と名づける。これは、前述の第三の、全智者の智慧を完成して仏となったことに譬える。

第四に、「父親は、子供たちが苦しんでいるのを見て」より以下は、「医師が子供の病気をなおす譬え」と名づける。これは、前述の第四の、仏の説法には人に応じて不同があるということに譬える。

第五に、「子供たちの中で」より以下は、「医師である父の教えに子供が従わないので、父は方便を設けて父の死を示す譬え」と名づける。これは、前述の第五の、仏に出会うことの難事を説くことに譬える。

第六に、「これを聞いた子供たちは」より以下は、「父の死を示すことによって、子供が利益を得る譬え」と名づける。前述の第五の、仏に出会うことの難事を説いて、仏の救いにあずかる身となれとすすめることに譬える。

第七に、「立派な者たちよ」より以下は、「医師がいつわりをいわなかった譬え」と名づける。これは、前述の第七の、仏が入滅のすがたを示すといっても、それが実際の入滅でないという結論に譬える。

いま、この七つの譬えは、前述した七種の理論的説明にたいする譬えであるが、特に論ずるとすれば、前半の四つの譬えは、前述の、成仏となったのは過去久遠の昔であったことにたいする譬えであり、後半の三つの譬えは、現在のみならず未来においても仏の寿命は長遠である、ということにたいする譬えである。

「たとえば、良医がいるとしよう。かれは智慧があり」という句のうちの「良医」は如来に譬え、「智慧」は三種の明知（過去世の生存を知る通力、すべてを知りぬく透視力、煩悩のけがれを滅して得られる智慧力の三つ）に譬える。「薬を処方することにすぐれ、あらゆる病気を治す」という意味は、病気についても薬についてもその学識が豊かであるということで、仏が人びとの能力に応じて教えを説くということである。「かれにたくさんの子供がいて、その数、十人、二十人、あるいは百数十人としよう」というのは、教化を受ける人びとに譬える。ここまでが前述の理論的説明における、「わたくしはつねにこの娑婆世界において教えを説き、人びとを教化している」ということに譬える。

「毒薬」というのは、仏教以外の邪教に譬え、「地」というのは、地獄・餓鬼・畜生・修羅・人間の五つの迷いの世界に譬える。

「色」というのは、理を説く経文に譬え、「香り」というのは、経文の表現の奥にかくされている理に譬え、「石臼で磨り潰し、まぜ合わせて」というのは、経文の表現と説き明かす理が相応じているものを用いて、人びとを教化することに譬える。すなわち、前の「なぜ如来によって経典が説かれたかといえば、人びとをことごとく救うためである。あるときは自身について語り、あるときは他人について語り」ということに譬えているのである。

「子供たちの中で」より以下は、第五に、「方便を設けて父の死を示す譬え」と名づけ、これは前述の第五の、仏に出会うことの難事を説いて仏に会うことをすすめることの譬えである。これについては、二つの意味がある。一つは、「本心を失っていない者」は教えによって薬を飲み病を除くから、その者には父の死を示さない。この譬えを教説に結びつけていえば、能力のすぐれた人びとは、仏の教えに従って善を修めることに努めるから、その者には仏の入滅を示さないということになる。二つは、「本心を失った者」は医師の教えに従わないので病気を除くことができないから、その者には父の死を示す。この譬えを教説に結びつけていえば、能力の劣った人びとは、仏の教えに従わないので悪を除くことができないから、その者には仏の入滅を示すのである。

「この良薬をここに用意しておくから、おまえたちは飲むがよい。病気が治らないなどと心配する必要はないのだ」といううちで、「良薬」とは、仏の教えに譬える。その意味は、仏が入滅されても、その説かれた経典は、なおこの世に残って伝わるから、「おまえたちは修学せよ。さとりへの善が増さないなどと心配する必要はない」ということである。「他国」というのは、沙羅双樹の林（釈尊はクシナガラの沙羅林で八十歳をもって入滅した。二本のサーラ〈沙羅〉の木の間に臥したので、双樹という）に譬え、「使者」というのは、仏の説法する音声に譬える。その意味は、沙羅双樹の林に来られた仏が、大音声をもって、あまねく人びとに向かって、「大覚世尊はいま、まさに入滅しようと思う」と告げられたことを指すのである。

実際に父親は死んだのではないから、また家に戻って来るはずである。前述の経文において、「わたくしは実際にこの世において入滅するのではない」と告げているから、ここの譬えでは、「また家に戻って来た」というのである。したがって、仏の教化の縁がある限り、仏の教化はやむことなく続くのである。[8]もしもそうだとするならば、仏の寿命が現在のみならず未来においても長遠であって、前に説かれた年数の倍となることは、論じなくても了解できるであろう。

（1）現行の羅什訳『妙法蓮華経』では、「如来寿量品第十六」となっている。第十五としたのは、太子の手にした二十七品の『法華経』による。本章に来たって、釈尊はみずからが歴史上の人間ブッダ（応身）であることを超えて、実は久遠実成の不滅の本仏である旨を明らかに説く。このことを「良医の喩え」によって示した釈尊は、以上のことをさらに詩句にまとめて説いた。「自我得仏来」で始まる「自我偈」がそれで、これは古来有名な経文として読誦されている。

（2）「そのとき、世尊は求道者たちが三たび請うてやめないのを知って」より以下、「寿量品」の散文の部分の末までをいう。

(3) 宗性（十三世紀、華厳の学者で、凝然の師）が太子の『法華義疏』に注釈を加えたところの『法華経上宮王義疏抄』によると、『首楞厳《しゅりょうごん》三昧経』のなかで、堅意菩薩が東方の首楞厳世界の照明荘厳自在王仏から「わが寿命は七百阿僧祇劫で、釈尊の寿命も同様である」むねを教えられている。おそらく、これが七百阿僧祇劫の典拠であろう。中国の法雲やわが国の宗性などは、釈尊の八十年の生涯とここでいう七百阿僧祇劫という寿命の異同について論じているが、いずれも、永遠の生命からすれば限られた寿命に外ならない。一阿僧祇（アサンケーヤ）は十の一四〇乗で、無数を示す単位。一劫（カルパ）も無限の時間を示す単位。

(4) 経文の「不如三界見於三界」を太子は、「不㆘以㆓三界㆒見㆗三界㆖」と読んでいる。一一九ページ注(4) のごとく、仏はまよいの三界のなかにありながら、それに染まらないという立場と、いまの表現は同一であろう。『勝鬘経』に明かす「如来蔵」を、われわれごとき濁悪の凡夫が、いかにして体得していくかの課題解決にも通じよう。

(5) 経文「諸善男子 我本行㆓菩薩道㆒、所㆑成寿命、今猶未㆑尽、復倍㆓上数㆒」（岩波文庫『法華経』下、二〇ページ）の取意。本書一二三ページ参照。

(6)「法華七喩」の第七である。仏を医師・医王・薬師に譬えることは、原始仏教時代から行なわれている。大乗経典のうちの『薬師本願経』は、その代表であろう。一一七ページ注（1）参照。

(7) 経文「我常在此娑婆世界……皆実不虚」（岩波文庫『法華経』下、一六〜二一ページ）の部分を「法説」（理論的説明）と名づけた太子は、これを七つに分け、また「良医の喩え」も七つに分けて、彼此あい対応させて説明している。経文の現代語訳（抄訳）の部分（一二三ページ以下）をみよ。

（8）原文は「若有レ縁其施化無レ息」という。輪廻に沈淪《ちんりん》する生けるものたちのために仏が存在する以上、仏の教化の働きは永遠に続く、という意味である。

観世音（菩薩普門）品第二十四①

そのとき、求道者無尽意《むじんに》は世尊に向かって、「求道者観世音《かんぜおん》はいかなる理由で観世音と名づけるのでありますか」といった。

仏は求道者無尽意に告げたもうた。

「立派な人よ。もしも無数の人びとが、もろもろの苦しみを受けたとき、この求道者観世音のことを聞いて、その名まえを一心に称えるならば、ただちに観世音はその音声を観察して、その人を苦しみから解放させるであろう。

もしも人びとが、観世音を尊敬し礼拝するならば、福徳の空しいということがない。それゆえに、人びとは求道者観世音の名前を心にとどめるべきである。

もしも人びとが、ガンジス河の砂の数に等しい六十二億の求道者たちの名前を心にとどめて、そして一生涯、飲食物・衣服・臥坐具・医薬をもってかれらを供養する場合と、また求道者観世音の名前を心にとどめて、ひと時でもかれを礼拝し供養する場合と、得られた福徳においてまったく等しく、百千万億劫をついやしても、それを計り知ることはできないであろう。無尽意よ、求道者観世音の名前を心にとどめるならば、人びとはこのような計り知れない福徳の利益を得るであろう」と。

求道者無尽意は、仏に向かって尋ねた。

「観世音はどのようにしてこの娑婆世界を歩かれ、またどのようにして人びとに教えを説かれるのですか。その方便の力はどのようでありましょうか」

仏は無尽意に答えられた。

「観世音は、仏の身を示して救うことのできるものには仏の身を現わして、かれらに説法する。修行僧の身を示して救うことのできるものには修行僧の身を現わして、かれらに説法する。

この観世音は恐怖や危急の難の中にある人びとに、何ものにも恐れない自信〈無畏《むい》〉を施す。それゆえにこの娑婆世界において、かれを無畏を施す人〈施無畏者〉と呼ぶのだ」

無尽意は仏に向かって、「世尊よ、いま、わたくしは求道者観世音を供養いたします」といって、百千両の高価な宝石の頸飾りを頸からはずし、これを観世音に捧げて、「われらに憐れみを垂れて、この頸飾りをお受けとりください」といった。

観世音は、その頸飾りを受けとり、二つに分けて、一つを釈迦如来に贈り、他の一つを多宝仏の塔に懸けた。

仏は偈によって、観世音と名づけるわけを、無尽意に説かれた。

「おまえは観音の修行を聞け。たとい害心をおこして、大きな火坑に突き落とされても、かの観音の力を念じたならば、火坑は変じて池となるであろう。あるいは大海に漂流して、竜や魚や鬼などの危難にあっても、かの観音の力を念じたならば、波浪といえども、その人を沈めることはできないであろう。あるいは悪人に逐《お》われて、金剛山《こんごうせん》から墜落しても、かの観音の力を念じたならば、一本の毛髪さえも傷つけられずにすむであろう。あるいは賊がとりかこんで、おのおの刀を揮《ふる》って斬りつけても、かの観音の力を念じたならば、みな、ことごとく慈悲心をおこすであろう。あるいは国王による苦難をうけて処刑され、まさに命が終ろうとするとき、かの観音の力を念じたならば、剣はばらばらに砕けるであろう。あるいは手かせ・足かせに縛られても、かの観音の力を念じたならば、たちまちに縛《いまし》めは解けて、のがれることができるであろう。あるいは羅刹《らせつ》・毒竜・鬼などに出会っても、かの観音の力を念じたならば、かれらは進んで害したりはしないであろう。観世音という名前は、妙音であり、梵音《ぼんおん》（清浄の音）であり、海潮の音であり、世の中における勝れた音である。それゆえに、この観世音をつねに心に念ぜよ」

そのとき、求道者持地《じじ》は、仏の前へ進んで、こういった。

「世尊よ、もしも人びとが、この観世音についての教え、すなわち観世音の自由自在な行為である、あらゆる方面に姿を示して現われる〈普門示現《じげん》〉という神通力のことを聞くならば、この人の功徳は少なくないでありましょう」と。

この章の組織

この章は、また求道者観世音があまねく種々の肉身を現わして法を説き、人びとを済度することを明らかにするから、「観世音（菩薩普門）品」と呼ぶ。

この章を三つに分ける。

第一は、求道者無尽意が観世音と名づける理由を問う。

第二は、如来が無尽意の問いに答える。

第三に、そのときの聴衆が利益を得る。

ただし、第二の「如来が無尽意の問いに答える」部分を、さらに四つに分ける。

第一に、はじめから「福徳の利益を得るであろう」までは、如来が悲心をもって苦を抜き、慈心をもって楽を与えることを説明する。

第二に、「求道者無尽意は、仏に向かって尋ねた」より以下は、あまねく種々の肉身を現わして法を説き、人びとを教化することを説明する。

第三に、「無尽意は仏に向かって、『世尊よ、いま、わたくしは求道者観世音を供養いたします』といって」より以下は、無尽意が観世音を供養することを説明する。

第四に、「そのとき、求道者持地は」より以下は、持地が人びとに、観世音を信ずべきである、とすすめたことを説明する。

(1) 現行の経では第二十五とする。「序品」第一から「五百弟子受記品」第八までは(ただし「授記品」第六を除いて)、克明に太子は注釈を施しているが、他のすべての章は「授記品」と同様に、ほとんど科文を挙げるにとどまっている状況である。このことは、「観世音品」の注釈態度によって知られるであろう。なお、中国・日本における観音信仰は、この「観世音品」を一経として別出した(実際は、別行していた『観音経』が「観世音品」として『法華経』に組み入れられた)ところの、いわゆる『観音経』を読誦することによって盛んになったといわれるが、少なくとも太子にとって、観音信仰は強いものとはなっていなかったと思われる。

十七条憲法

瀧藤尊教訳

一に曰《いわ》く、和をもって貴《とうと》しとし、忤《さから》うことなきを宗《むね》とせよ。人みな党《たむら》あり。また達《さと》れる者少なし。ここをもって、あるいは君父《くんぷ》に順《したが》わず。また隣里に違《たが》う。しかれども、上和《かみやわら》ぎ、下睦《しもむつ》びて、事を、論《あげつら》うに諧《かな》うときは、事理《じり》おのずから通ず。何事か成らざらん。

二に曰く、篤《あつ》く三宝《さんぼう》を敬え。三宝とは、仏と法と僧なり。すなわち四生《しょう》の終帰《よりどころ》、万国の極《おお》宗《むね》なり。いずれの世、いずれの人か、この法を貴ばざらん。人、はなはだ悪《あ》しきもの少なし。よく教うるをもて従う。それ三宝に帰《よ》りまつらずば、何をもってか枉《まが》れるを直《ただ》さん。

三に曰く、詔《みことのり》を承りてはかならず謹《つつし》め。君をば天とす。臣をば地とす。天は覆《おお》い、地は載《の》す。四時《しいじ》順《したが》い行ないて、万気通うことを得《う》。地、天を覆わんとするときは、壊《やぶ》ることを致さん。ここをもって、君言《のたま》うときは臣《しん》承る。上《かみ》行なうときは下靡《しもなび》く。ゆえに詔を承りてはかならず慎め。謹まずば、おのずから敗れん。

四に曰く、群卿百寮《ぐんけいひやくりよう》、礼をもって本《もと》とせよ。それ民を治むる本は、かならず礼にあり。上、礼なきときは、下、斉《ととのお》らず。下、礼なきときは、かならず罪あり。ここをもって、群臣礼あるときは、位次《いじ》乱れず。百姓《ひゃくせい》礼あるときは、国家おのずから治まる。

五に曰く、あじわいのむさぼり〈饕〉を絶ち、たからのほしみ〈欲〉を棄《す》てて、明らかに訴訟《うったえ》を弁《さだ》めよ。それ百姓の訟《うったえ》は、一日に千事あり。一日すらなお爾《しか》るを、いわんや歳《とし》を累《かさ》ねてをや。このごろ訟を治むる者、利を得るを常とし、賄《まいない》を見てはことわりもうす〈讞〉を聴く。すなわち財あるものの訟は、石をもって水に投ぐるがごとし。乏しきものの訴は、水をもって石に投ぐるに似たり。ここをもって、貧しき民は所由《せんすべ》を知らず。臣道またここに闕《か》く。

六に曰く、悪を懲《こ》らし善を勧むるは、古《いにしえ》の良き典《のり》なり。ここをもって、人の善を匿《かく》すことなく、悪を見てはかならず匡《ただ》せ。それ諂《へつら》い詐《あざむ》く者は、国家を覆《くつがえ》す利器なり。人民を絶つ鋒剣《ほうけん》なり。また佞《かだ》み媚《こ》ぶる者は、上に対しては好みて下の過《あやまち》を説き、下に逢いては上の失《あやまち》を誹謗《そし》る。それ、これらの人は、みな君に忠なく、民に仁なし。これ大乱の本なり。

七に曰く、人おのおの任あり。掌《つかさど》ること、濫《みだ》れざるべし。それ賢哲、官に任ずるときは、頌《ほ》むる音《こえ》すなわち起こり、奸者《かんじゃ》、官を有《たも》つときは、禍乱すなわち繁《しげ》し。世に、生まれながら知るひと少なし。よく念《おも》いて聖《せい》となる。事、大少となく、人を得てかならず治まる。時、急緩となく、賢に遇《あ》いておのずから寛《ゆたか》なり。これによりて、国家永久にして、社稷《しゃしょく》危うからず、故に、古の聖王、官のために人を求む。人のために官を求めず。

八に曰く、群卿百寮、早く朝《まい》りて晏《おそ》く退《まか》でよ。公事盬《いとま》なし。終日《ひねもす》にも尽くしがたし。ここをもって、遅く朝《まい》るときは急なることに逮《およ》ばず。早く退《まか》るときはかならず事尽くさず。

九に曰く、信はこれ義の本なり。事ごとに信あるべし。それ善悪成敗はかならず信にあり。群臣ともに信あるときは、何事か成らざらん。群臣信なきときは、万事ことごとくに敗れん。

十に曰く、こころのいかり〈忿〉を絶ち、おもてのいかり〈瞋〉を棄てて、人の違うことを怒らざれ。人みな心あり。心おのおの執るところあり。かれ是《ぜ》とすれば、われは非とす。われ是とすれば、かれは非とす。われかならずしも聖にあらず。かれかならずしも愚にあらず。ともにこれ凡夫《ぼんぶ》のみ。是非の理、詎《たれ》かよく定むべけんや。あいともに賢愚なること、鐶《みみがね》の端《はし》なきがごとし。ここをもって、かの人は瞋《いか》るといえども、かえってわが失《あやまち》を恐れよ。われひとり得たりといえども、衆に従いて同じく挙《おこな》え。

十一に曰く、功過《こうか》を明らかに察《み》て、賞罰かならず当てよ。このごろ賞は功においてせず、罰は罪においてせず。事を執る群卿、賞罰を明らかにすべし。

十二に曰く、国司・国造、百姓に斂《おさ》めとることなかれ。国に二君なし。民に両主なし。率土《そっと》の兆民は王をもって主となす。所任の官司はみなこれ王臣なり。何ぞあえて公と、百姓に賦斂《おさめと》らん。

十三に曰く、もろもろの官に任ぜる者、同じく職掌を知れ。あるいは病《やまい》し、あるいは使して、事を闕《おこた》ることあらん。しかれども知ることを得る日には、和《あまな》うことむかしより〈曾〉識《し》れるがごとくせよ。それ与《あずか》り聞かずということをもって、公務をな妨げそ。

十四に曰く、群臣百寮、嫉妬あることなかれ。われすでに人を嫉《うらや》むときは、人またわれを嫉む。嫉妬の患《うれ》え、その極《きわまり》を知らず。このゆえに、智おのれに勝《まさ》るときは悦ばず。才おのれに優《まさ》るときは嫉《ね》妬《た》む。ここをもって、五百歳にしていまし今賢に遇《あ》うとも、千載にしてひとりの聖を待つこと難《かた》し。それ賢聖を得ずば、何をもってか国を治めん。

十五に曰く、私《わたくし》を背《そむ》きて公《おおやけ》に向《ゆ》くは、これ臣の道なり。およそ人、私あるときはかならず恨みあり。憾《うら》みあるときはかならず同《ととのお》らず。同らざるときは私をもって公を妨ぐ。憾み起こるときは制に違い、法を害《やぶ》る。ゆえに初めの章に云う、上下和諧せよ、と。それまたこの情《こころ》か。

十六に曰く、民を使うに時をもってするは、古の良き典《のり》なり。ゆえに、冬の月に間《いとま》あらば、もって民を使うべし。春より秋に至るまでは、農桑《のうそう》の節なり。民を使うべからず。それ農《なりわい》せずば、何をか食らわん。桑《くわと》らずば何をか服《き》ん。

十七に曰く、それ事はひとり断《さだ》むべからず。かならず衆とともに論《あげつら》うべし。少事はこれ軽《かろ》し。かならずしも衆とすべからず。ただ大事を論うに逮《およ》びては、もしは失《あやまち》あらんことを疑う。

ゆえに衆と相弁《あいわきま》うるときは、辞《こと》すなわち理を得ん。

第一条

おたがいの心が和らいで協力することが貴いのであって、むやみに反抗することのないようにせよ。それが根本的態度でなければならぬ。ところが人にはそれぞれ党派心があり、大局を見通している者は少ない。だから主君や父に従わず、あるいは近隣の人びとと争いを起こすようになる。しかしながら、人びとが上も下も和らぎ睦まじく話し合いができるならば、ことがらはおのずから道理にかない、何ごとも成しとげられないことはない。

第二条

まごころをこめて三宝をうやまえ。三宝とはさとれる仏と、理法と、人びとのつどいとのことである。それは生きとし生けるものの最後のよりどころであり、あらゆる国ぐにが仰ぎ尊ぶ究極の規範である。いずれの時代でも、いかなる人でも、この理法を尊重しないということがあろうか。人間には極悪のものはまれである。教えられたらば、道理に従うものである。それゆえに、三宝にたよるのでなければ、よこしまな心や行ないを何によって正しくすることができようか。

第三条

天皇の詔を承ったときには、かならずそれを謹んで受けよ。君は天のようなものであり、臣民たちは地のようなものである。天は覆い、地は載せる。そのように分の守りがあるから、春・夏・秋・冬の四季が順調に移り行き、万物がそれぞれに発展するのである。もしも地が天を覆うようなことがあれば、破壊が起こるだけである。こういうわけだから、君が命ずれば臣民はそれを承って実行し、上の人が行なうことに下の人々が追随するのである。だから天皇の詔を承ったならば、かならず謹んで奉ぜよ。もしも謹んで奉じないならば、おのずから事は失敗してしまうであろう。

第四条

もろもろの官吏は礼法を根本とせよ。そもそも人民を治める根本は、かならず礼法にあるからである。上の人びとに礼法がなければ、下の民衆は秩序が保たれないで乱れることになる。また下の民衆のあいだで礼法が保たれていなければ、かならず罪を犯すようなことが起こる。したがってもろもろの官吏が礼を保っていれば、社会秩序が乱れないことになるし、またもろもろの人民が礼を保っていれば、国家はおのずから治まるものである。

第五条

役人たちは飲み食いの貪《むさぼ》りをやめ、物質的な欲をすてて、人民の訴訟を明白に裁かなければならない。人民のなす訴えは、一日に千件にも及ぶほど多くあるものである。一日でさえそうであるのに、まして一年なり二年なりと、年を重ねてゆくならば、その数は測り知れないほど多くなる。このごろのありさまを見ると、訴訟を取り扱う役人たちは私利私欲を図《はか》るのがあたりまえとなって、賄賂《わいろ》を取って当事者の言い分をきいて、裁きをつけてしまう。だから財産のある人の訴えは、石を水の中に投げ入れるようにたやすく目的を達成し、反対に貧乏な人の訴えは、水を石に投げかけるように、とても聴き入れられない。こういうわけであるから、貧乏人は、何をたよりにしてよいのか、さっぱりわからなくなってしまう。こんなことでは、君に仕える官吏たる者の道が欠けてくるのである。

第六条

悪を懲らし善を勧めるということは、昔からの良いしきたりである。だから他人のなした善は、これをかくさないで顕わし、また他人が悪をなしたのを見れば、かならずそれをやめさせて、正しくしてやれ。諂ったり詐《いつわ》ったりする者は、国家を覆し亡ぼす鋭利な武器であり、人民を絶ち切る鋭い刃のある剣である。また、おもねり媚びる者は、上の人びとに対しては好んで目下《めした》の人びとの過失を告げ口し、また部下の人びとに出会うと上役の過失をそしるのが常である。このような人は、みな主君に対しては忠心なく、人民に対しては仁徳がない。これは世の中が大いに乱れる根本なのである。

第七条

人には、おのおのその任務がある。職務に関して乱脈にならないようにせよ。賢明な人格者が官にあるときには、ほめる声が起こり、よこしまな者が官にあるときには、災禍や乱れがしばしば起こるものである。世の中には、生まれながらにして聡明な者は少ない。よく道理に心がけるならば、聖者のようになる。およそ、ことがらの大小にかかわらず、適任者を得たならば、世の中はかならず治まるものである。時代の動きが激しいときでも、ゆるやかなときでも、賢明な人を用いることができたならば、世の中はおのずからゆたかにのびのびとなってくる。これによって国家は永久に栄え、危うくなることはない。ゆえに、いにしえの聖王は官職のために人を求めたのであり、人のために官職を設けることはしなかったのである。

第八条

もろもろの官吏は、朝は早く役所に出勤し、夕はおそく退出せよ。公の仕事は、うっかりしている暇がない。① 終日つとめてもなし終えがたいものである。したがって、遅く出仕したのでは緊急の事に間に合わないし、また早く退出したのでは、必ず仕事を十分になしとげないことになるのである。

第九条

まこと〈信〉は人の道〈義〉の根本である。何ごとをなすにあたっても、まごころをもってすべきである。善いことも悪いことも、成功するのも失敗するのも、かならずこのまごころがあるかどうかにかかっているのである。人びとが② たがいにまごころをもって事にあたったならば、どんなことでも成しとげられないことはない。これに反して人びとにまごころがなければ、あらゆることがらがみな失敗してしまうであろう。

第十条

心の中で恨みに思うな。目に角《かど》を立てて怒るな。他人が自分にさからったからとて激怒せぬようにせよ。人にはみなそれぞれ思うところがあり、その心は自分のことを正しいと考える執着がある。他人が正しいと考えることを自分はまちがっていると考え、自分が正しいと考えることを他人はまちがっていると考える。しかし自分がかならずしも聖人なのではなく、また他人がかならずしも愚者なのでもない。両方ともに凡夫にすぎないのである。正しいとか、まちがっているとかいう道理を、どうして定められようか。おたがいに賢者であったり愚者であったりすることは、ちょうどみみがね〈鐶〉のどこが初めでどこが終りだか、端のないようなものである。それゆえに、他人が自分に対して怒ることがあっても、むしろ自分に過失がなかったかどうかを反省せよ。また自分の考えが道理にあっていると思っても、多くの人びとの意見を尊重して同じように行動せよ。

第十一条

下役の者に功績があったか、過失があったかを明らかに観察して、賞も罰もかならず正当であるようにせよ。ところが、このごろでは、功績のある者に賞を与えず、罪のない者を罰することがある。国の政務をつかさどるもろもろの官吏は、賞罰を明らかにして、まちがいのないようにしなければならない。

第十二条

もろもろの地方長官は多くの人民から勝手に税を取り立ててはならない。国に二君はなく、民に二人の君主はいない。全国土の無数に多い人民たちは、天皇を主君とするのである。官職に任命されたもろもろの官吏はみな天皇の臣下なのである。公の徴税といっしょにみずからの私利のために人民たちから税を取り立てるというようなことをしてよいということがあろうか。

第十三条

もろもろの官職に任ぜられた者は、同じくたがいの職掌を知れ。あるいは病にかかっていたり、あるいは出張していて、仕事をなしえないことがあるであろう。しかしながら仕事をつかさどることができた日には、人と和してその職務につき、あたかもずっとおたがいに協力していたかのごとくにせよ。自分には関係のなかったことだといって公務を拒んではならない。③

第十四条

もろもろの官吏は、他人を嫉妬してはならない。自分が他人を嫉《そね》めば、他人もまた自分を嫉む。そうして嫉妬の憂いは際限のないものである。だから、他人の智識が自分よりもすぐれているとそれを悦ばないし、また他人の才能が自分よりも優っていると、それを嫉み妬むものである。このゆえに、五百年をへだてて賢人が世に出ても、また千年たってから聖人が世に現われても、それを斥《しりぞ》けるならば、ついに賢人・聖人を得ることはむずかしいであろう。④ もしも賢人・聖人を得ることができないならば、どうして国を治めることができようか。

第十五条

私《わたくし》の利益に背《そむ》いて公《おおやけ》のために向かって進むのは、臣下たる者の道である。およそ人に私の心があるならば、かならず他人のほうに怨恨の気持が起こる。怨恨の気持があると、かならず心を同じゅうして行動することができない。心を同じゅうして行動するのでなければ、私情のために公の政務を妨げることになる。怨恨の心が起これば、制度に違反し、法を害《そこな》うことになる。だからはじめの第一章にも「上下ともに和《やわら》いで協力せよ」といっておいたのであるが、それもこの趣意を述べたのである。

第十六条

人民を使役するには時期を選べというのは、古来の良いしきたりである。ゆえに冬の月には閑暇があるから、人民を公務に使うべきである。しかし春から秋にいたる間は農繁期であるから、人民を公務に使ってはならない。農耕しなければ食することができないし、養蚕しなければ衣服を着ることができないではないか。

第十七条

重大なことがらはひとりで決定してはならない。かならず多くの人びととともに論議すべきである。小さなことがらは大したことはないからかならずしも多くの人びとに相談する要はない。ただ重大なことがらを論議するにあたっては、あるいはもしか過失がありはしないかという疑いがある。だから多くの人びととともに論じ是非を弁《わきま》えてゆくならば、そのことがらが道理にかなう⑤ようになるのである。

（1）原文には「靡レ盬」（『詩経』の諸篇の中に「王事靡盬」とあるのにもとづく）とある。これを「イトマナシ」とよめば、間暇がないことをいい、「モロキコトナシ」とよめば、きわめておごそかなことをいう。ここでは、おごそかで重大なことをなすのであるから、うっかりしている暇がないという意にとった。

（2）原文には「群臣」とあるから、直接には官吏のことをいったのであろう。

（3）これは二様に解釈できる。ひとつは、同僚がその欠席中の代役をつとめて、その仕事に融和することを以前から知っているようなふりをし、かれの仕事は自分の知ったことではないといって公務を妨げるなという解釈で、『玄恵抄』には「闕如せし時は人の官の事をつとむべき為也」と注している。また『十七条憲法講讃』（白井成允著）でもこの意味に解釈している。いまひとつは、病気や出張で欠席しても復帰して元の仕事をつかさどることができた日には、同僚と和合して、いない間に聞かなかったこともよく知るようにせよ、とも解釈できる。後者の解釈のほうが一般的で、『聖徳太子十七条憲法註』や『聖徳太子十七条憲法』（佐伯定胤師）ではこの意味に解している。

（4）これは、『文選《もんぜん》』の「五百歳にして賢人出《い》ず」、『孟子』の「文王より孔子に至る五百有余歳」、『尚書』の「黄河は千年に一たび清み、聖人は千年に一たび出《い》ず」より来た文で、五百年目には聖人に会うことができても、世人の嫉妬のため、その賢人の徳力が永続しないで千年を費やしても一人の聖人を得ることができないとも解せるが、ここでは賢聖を得られぬ意にとった。吉川幸次郎氏（『聖徳太子の文章』）は、「ほかの部分は大変文法的にもあるいは文体的にも立派である。中国の習慣にきちんとそろっている。ところが、ここはどうも中国語として読みますと、少しおかしいんであります――ここだけ何か文章のリズムも少し乱れている――ほかのところがあまり立派でありますからここは何かいまの『日本書紀』の本文に乱れがあるんじゃないかというふうに考えるのでありますといっている。

（5）原文は「辞則得理」となっており、「辞」とは言辞（ことば）・事柄の意で、「理」とは道理（ことわり）・条理（すじ）の意である。白井成允氏は「お互いに話し合う言葉を通してやがてその事柄の中に潜んでいる道理があらわれてくるものである」（『十七条憲法講讃』）の意味であるとし、佐伯定胤師は「大衆とともにその是非を弁別し研究したならば辞の意義則ち道理に外れることはないであろう」（『聖徳太子十七条憲法』）としている。

上宮聖徳法王帝説

田村晃祐訳

第一部

用明天皇は、異母妹穴穂部間人王《あなほべのはしひとのみこ》を娶《めと》って大后とし、生んだ子は、聖徳太子、次に久米王《くめのみこ》、次に殖栗王《うえくりのみこ》、次に茨田王《まんだのみこ》であった。

また、天皇が蘇我稲目《そがのいなめ》宿禰大臣の娘、名は伊志支那郎女《いしきなのいらつめ》を娶って生んだ子は、多米王《ためのみこ》であった。

また、天皇が、葛木当麻倉首《かつらぎのたぎまのくらびと》で比里古《ひろこ》という名の者の娘伊比古郎女《いひこのいらつめ》を娶って生んだ子は、乎麻《おま》呂古王《ろこのきみ》、次に須加弖古女王《すかてこのみこ》〔この王は、伊勢の神前に祭を拝すること三代の天皇に至った〕であった。

全部、聖徳太子の兄弟の王子である。

聖徳太子は、膳部加多夫古臣《かしわでのかたぶこのおみ》の娘、名は菩岐々美郎女《ほききみのいらつめ》（膳大郎女）を娶って、生んだ子は、舂《つき》米女王《しねのみこ》、次に長谷王《はつせのみこ》、次に久波太女王《くはたのみこ》、次に波止利女王《はとりのみこ》、次に三枝王《さきくさのみこ》、次に伊止志古王《いとしこのみこ》、次に麻呂古王《まろこのみこ》、次に馬屋古女王《うまやこのみこ》であった〔以上八人〕。

また、聖徳太子が蘇我馬子宿禰大臣の娘、名は刀自古郎女《とじこのいらつめ》を娶って生んだ子は、山代《やましろ》（背）大《おい》兄王《ねのみこ》〔この王は賢く尊い心をもっていて、身命を捨てて人民を愛した。のちの世の人が父の聖徳太子と混同するのは間違いである〕、次に財王《たからのみこ》、次に日置王《ひきのみこ》、次に片岡女王《かたおかのみこ》であった〔以上四人〕。

また、聖徳太子が尾治王《おはりのみこ》の娘位奈部橘王《いなべのたちばなのみこ》を娶って生んだ子は、白髪部王《しらかべのみこ》、次に手嶋女王《てしまのみこ》とであった。合して聖徳太子の子は十四名であった。

山代大兄王が異母妹春米王を娶って生んだ子は、難波麻呂《なにわのまろ》古王《このみこ》、次に麻呂古王《まろこのみこ》、次に弓削王《ゆげのみこ》、次に佐々女王《ささのみこ》、次に三嶋女《みしまのみ》王《こ》、次に甲可王《こうかのみこ》、次に尾治王であった。

聖徳太子の異母兄多米王《ためのみこ》が、父用明天皇崩御ののち、聖徳太子の母穴穂部間人王を娶って生んだ子は、佐富女王《さほのみこ》であった。

欽明天皇〔太子の祖父である〕が宣化天皇の娘、伊斯比女《いしひめ》（石姫皇女）命《のみこと》を娶って生んだ子は、敏達天皇〔太子の伯父である〕であり、また、蘇我稲目宿禰大臣の娘、支多斯比売《きたしひめ》（堅塩姫）命《のみこと》を娶って生んだ子は、用明天皇〔太子の父である〕と、その妹推古天皇（太子の叔母である）であり、また、支多斯比売の同母妹、乎阿尼《おあね》（小姉君）命《のみこと》を娶って生んだ子は、崇峻天皇〔太子の叔父であ

聖徳太子の兄弟

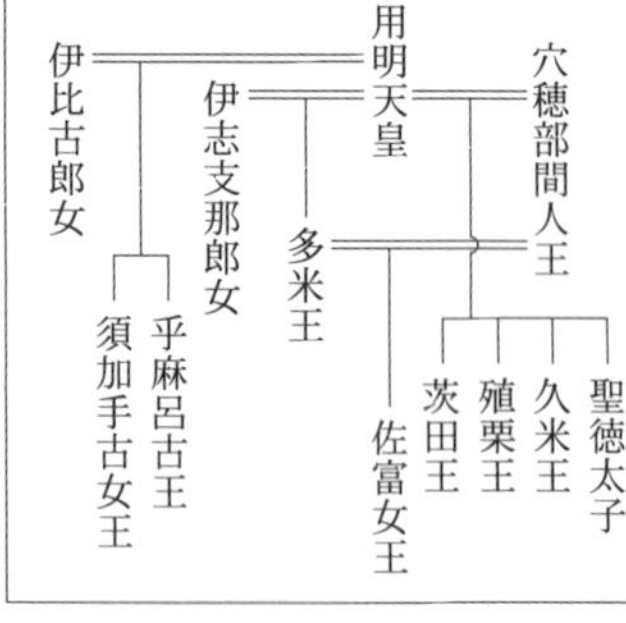

る」と、その妹穴穂部間人王〔太子の母である〕とであった。

右の五天皇は、他人をまじえずに次々に天下を治めた〔ただし、崇峻天皇が第四、推古天皇が第五であった〕。

第二部

推古天皇の時、聖徳太子は、蘇我馬子とともに、国政を輔佐し、仏教を興隆して、元興《がんごう》寺・四天王寺等の寺を創建し、十二級からなる爵位を制定した。大徳[1]・少徳・大仁・少仁・大礼・少礼・大信・少信・大義・少義・大智・少智である。

用明天皇の后穴穂部間人王は、

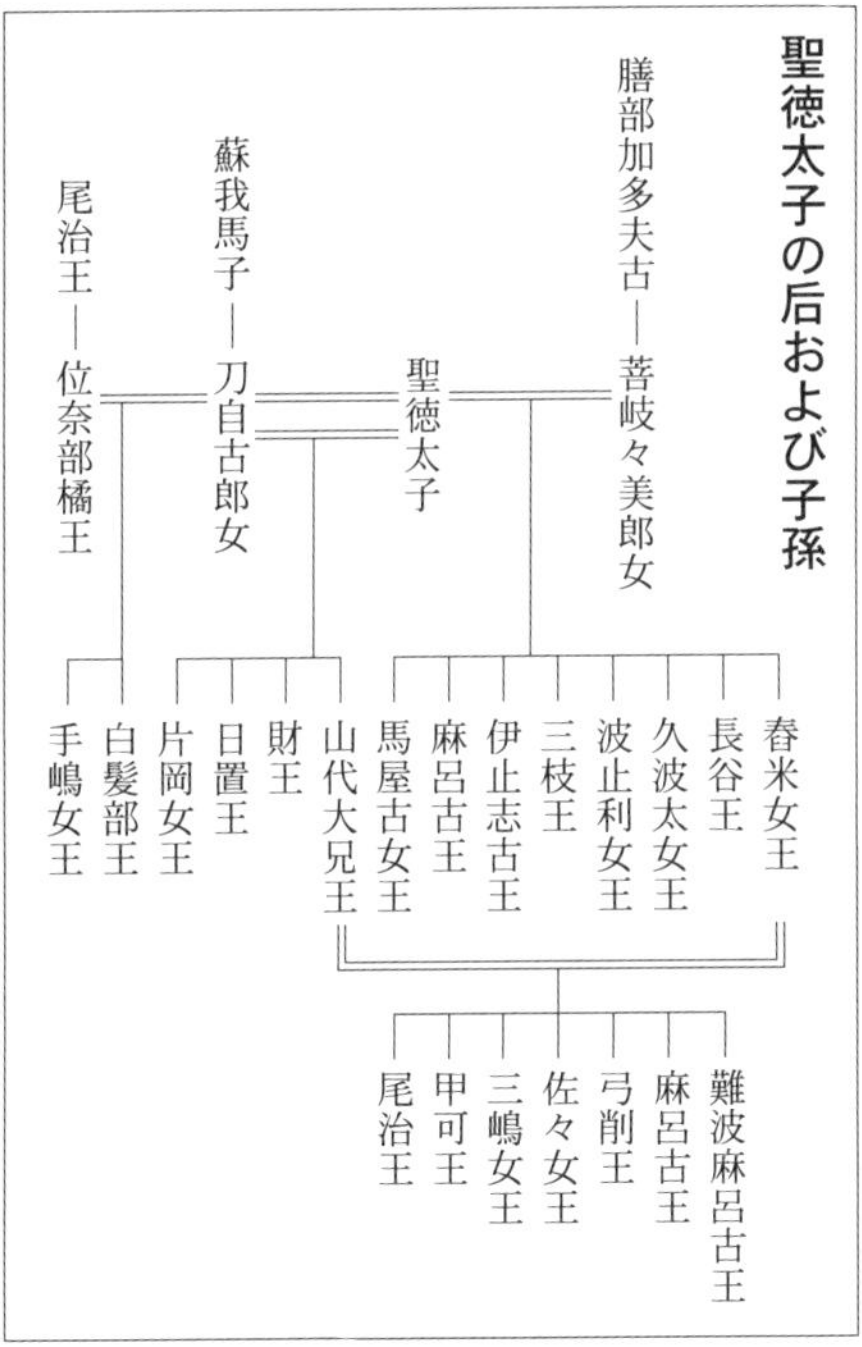

厩戸《うまやど》へお出でになったとき、急に聖徳太子をお生みになった。太子は、幼少のころから聡敏で智慧があった。大人になってからは、一度に八人のいうことを聞いて、そのいい分を聞き分けた。

また一を聞いて八をさとった。そこで、名前を厩戸豊聡八耳命《うまやどのとよとやつみみのみこと》というのである。

用明天皇は、皇太子であった聖徳太子を大変愛されて、宮殿の南の上の大きな御殿に住まわされたので、上宮王《うえのみやのみこ》とも呼ぶのである。

聖徳太子は、高麗の恵慈《えじ》法師を先生として、涅槃は常住不変なものであり、さとりに到達する能力について五種類の程度の人がいるという真理を悟り、また『法華経』に説かれている三車、[2]権実二智[3]という教えの趣旨を明らかにし、『維摩経』に説く、思惟も言語表現も超えた解脱の深い教えによく通じた。かつまた、小乗仏教の経量部や説一切有部《せついっさいうぶ》という、二つの部派の教えるところを知り、また三玄（荘子・老子・周易）五経（周易・尚書・毛詩・礼記・春秋）の述べるところを知り、同時にまた、天文とか地理の道理をも学んだ。

そこで、法華経等に注釈七巻を作った。これを『上宮御製疏』[4]という。

太子が質問した点で先生がわからないところがあると、太子は夜、金色の人が現われて、理解できなかった意味を教えてくれる夢を見た。目覚めてから太子はその点を解釈することができ、そこで先生に伝えると、先生もまたそれによって理解することができた。このようなことは、一度や二度ではなかった。

太子は、七つの寺院を建立《こんりゅう》した。四天王寺と、法隆寺と、中宮寺と、橘寺と、蜂丘寺《はちおかでら》〔宮殿とともに川勝秦《はた》氏に賜わった〕と、池後寺《いけじりでら》と、葛木寺〔葛木臣に賜わった〕とである。

推古天皇六年〔五九八〕四月十五日、推古天皇は太子に請うて『勝鬘経』を講義させた。〔その時の〕太子の様子は、僧のようであった。多くの皇子・皇女、および臣《おみ》・連《むらじ》・人民まで、講義をうけて信じ、よろこばないものはなかった。三日のうちに講義し終わった。天皇は太子に播磨国揖保郡佐勢の土地五十万代を布施した。太子はこの土地を法隆寺の土地とした〔いま、播磨国にある三百余町の土地である〕。

恵慈法師は、太子の作った義疏をもって本国へ帰り、⑤この書物を流布させた。その間、推古天皇三十年〔六二二〕の二月二十二日の夜中に太子は亡くなられた。恵慈法師はこれを聞いて、太子のために、経を講じ、願をたてていった、「わたくしは、聖徳太子にお逢いして、その教化を受けたいと希望しています。わたくし恵慈は、来年の二月二十二日に死ねば、必ず聖徳太子にお目にかかり浄土で目《ま》のあたりお仕えいたしましょう」と。

結局、そのことばどおりに、翌年の二月二十二日になると、病をおこして亡くなってしまった。

第三部

用明天皇が御病気になったとき、用明天皇元年（五八六）、推古天皇と聖徳太子とを召され、誓願をたてて、「わが病が治るように欲している。そこで、寺を造り、薬師仏像を作ってお仕えし奉るように」と詔された。しかし、そのころ崩ぜられ、造ることができなかった。推古天皇の時代、天皇と東宮の聖徳太子は、天皇の大命をお受けになって、推古天皇十五年（六〇七）に仏像にお仕えし奉った。⑥

右は、法隆寺金堂に安置してある薬師像の光背の銘文で、寺を初めて造った縁由なのである。

法興元世一年（法興三十一年＝六二一）十二月、鬼前大后が崩ぜられた。明年正月二十二日、聖徳太子は病《やまい》につき、快《よ》からず、膳部《かしわで》の后もそのために疲れて病にかかり、いっしょに床についた。そのとき、王后や王子ら、およびもろもろの臣下は、深く愁い、「仰いで三宝により、太子等身大の、釈迦仏の像を造ろう。この願力を蒙って、病を治し、寿命を延ばし、世の中に安住なさるように。もしきまった寿命のために亡くなられるならば、浄土に往き、早くさとりの世界へ昇られるように」と、もろともに発願した。

二月二十一日、王后が亡くなられ〈即世〉、翌日、聖徳太子も崩ぜられた〈登遐〉。推古天皇三十一年（六二三）三月の半ばに、願のように、うやうやしく、釈迦の尊像と挟侍《きょうじ》の像および飾りの道具を造り終わった。この小さな福に乗じて、仏道を信ずる仲間（信通知識）の人たちは、現在も安穏に、死んでも〈出生入死〉、三人の方々〈三主〉に従い奉って、三宝を興隆し、ついには同じさとりの世界にいたりたいものである。また、あまねく迷いの六道の世界にいる衆生をして、苦の縁を脱して同じくさとりにおもむかしめたく、司馬鞍首止利仏師に造らせたのである。⑦

右、法隆寺の金堂に安置する釈迦仏の光背の銘文は、このようである。

解釈していう。

「法興元世一年」ということは、知ることができない。ただ、『帝紀』についてみると、「推古天皇の世、聖徳太子は、大臣蘇我馬子宿禰とともに人民を平らに治め、三宝を建立してはじめて大寺をたてた。そこで法興元世というのである」といっている。これがこの銘文にいう法興元世一年である。のちに見た人がもし年号について疑いをもつとしても、そのいわれはない。そこで一年という字が、その意味がわかりにくい。考えてみると、聖徳太子の母穴穂部王が逝去された辛巳《かのとみ》の年は、推古天皇の御世である、だから、その年をさして一年といっているだけであって、特別な意味はないのである。

「鬼前大后」というのは、聖徳太子の母穴穂部間人王である。鬼前というのは、神前ということである。何ゆえ神前皇后といえば、この皇后の同母弟崇峻天皇は、石寸神前《いわれのかむさき》の宮で政治を行なっていたからである。また天皇の姉である穴穂部王は、その宮においでになったので、神前皇后と称したのではないかと疑ってみることもできよう。

「明年」というのは、壬午《みずのえうま》の年である。

「二月二十一日癸酉、王后即世《そくせい》」というのは、すなわち聖徳太子の妻、膳大刀自《かしわでのおおとじ》のことである。

二月二十一日とは、推古天皇三十年の二月である。

「翌日法王登遐《とうか》」というのは、聖徳太子のことである。

「即世」も「登遐」も、死の異名である。

ゆえに、いま、この銘文によって、推古天皇三十年正月二十二日に聖徳太子は病の床につき、同時に膳大刀自も労《やまい》を得たのである。大刀自は二月二十一日に亡くなったのであり、聖徳太子は二十二日の薨去《こうきょ》である。ここで、明らかに、膳夫人は前の日に亡くなり、聖徳太子は次の日に薨ぜられたことが知られる。すなわち証歌にいう、

斑鳩の富の井の水生かなくに
　喫ぎてましもの　富の井の水

この歌は、膳夫人が病に臥して亡くなられようとしたとき、水を乞うた。しかし、聖徳太子は許されず、ついに夫人は亡くなった。そこで、聖徳太子は夫人をしのんで、この歌を詠んだ。これがその証である。ただ銘文には、夫人の亡くなった日を明らかにしてあるが、聖徳太子の薨去の年月を記してはない。が、いろいろの記文には、明らかに推古天皇三十年二月二十二日の夜半に聖徳太子薨去といっているのである。

「出生入死」とは、死後生まれるところへ往くということばであろう。

「三主」とは、神前大后と聖徳太子と膳夫人と、この三方《かた》を合していうのであろう。

欽明天皇、名は天国排開広庭命《あめくにおしはるきひろにわのみこと》は、蘇我〈巷奇〉の大臣、名は稲目宿禰の娘、名は堅塩《きたし》姫《ひめの》命《みこと》を娶って大后とし、用明天皇と、妹推古天皇とを生んだ。また大后の妹乎阿尼命《おあねのみこと》を娶って后とし、穴穂部間人王《あなほべのはしひとのみこ》を生んだ。

欽明天皇の皇子、名は渟中倉太珠敷命《ぬなくらのふとたましきのみこと》（敏達天皇）は、異母妹推古天皇を娶って大后とし、訳語田宮《おさだのみや》で政治をとり、尾治王《おはりのみこ》を生んだ。用明天皇は異母妹、名は穴穂部間人王を娶って大后とし、池辺宮《いけべのみや》に政治をとり、聖徳太子を生んだ。（太子は、）尾治大王の娘、名は橘大郎女《たちばなのおおいらつめ》を后とした。

推古天皇二十九年（六二一）十二月二十一日夕暮、母の穴穂部王が崩ぜられた。翌年二月二十二日夜半に聖徳太子が崩ぜられた〈太子崩〉。

そのとき、橘大郎女は悲しみ嘆息して、天皇の前に畏《かしこ》み申し上げた。「恐れながら、思う心をとめることができません。わが大王（聖徳太子）と母王とは、所期のごとく、従遊（死去）されました。痛ましさは比べるものがありません。わが大王は、『世間は虚仮《こけ》であり、ただ仏のみ真実である』と申しておりました。その法を玩味してみますと、わが大王は天寿国⑧に生まれていらっしゃることでしょう。しかし、その国の様子は、眼で見ることは困難です。願わくは、図像にして、大王の往生された様子を観たいものです」

天皇はこれを聞き〈天皇聞之者〉、悲しんで「一人のわが子がおり、その申すところはまことにもっともである」と告げられた。⑨もろもろの采女《うねめ》らに勅して、繡帳《しゅうちょう》⑩二張を造らしめた。画家は東漢末賢《やまとのあやのまけん》、高麗加西溢《こまのかせい》と漢奴加己利《あやのぬかこり》、監督者〈令者〉は椋部秦久麻《くらひとべのはたのくま》である。

右は、法隆寺に蔵する繡帳二張に縫いつけてある亀甲の背の上に書いてある文字である。

「巷奇」は蘇我である。
「弥字」あるいは売（め）の音に当たる。[11]
「已字」あるいは余（よ）の音に当たる。[12]
「至字」あるいは知（ち）の音に当たる。[13]
「白畏天之者」　天とは、推古天皇である。[14]
「太子崩」とは、聖徳太子である。
「従遊」とは、死ぬことである。
「天寿国」とは、天というがごとし。
「天皇聞之者」また、推古天皇である。
「令者」　監のごとし。

聖徳太子の薨ずる時、巨勢三杖大夫《こせのみつえのまちぎみ》の歌

斑鳩の富の小川の絶えばこそ
　我が大王《おおきみ》の御名忘らえめ
みかみをすたばさみ山のあぢかげに

人の申しし我が大王はも
斑鳩のこのかき山のさかる樹の
そらなることを君に申さな

第四部

用明天皇二年（五八七）六、七月のころ、蘇我馬子宿禰大臣が物部守屋大連《おおむらじ》を伐《う》ったとき、大臣の軍士は勝てずに退却した。そこで聖徳太子は、四天王の像を軍士たちの前に立て、「もし、この大連を亡ぼすことができたならば、四天王のために寺を造り、尊んで供養いたしましょう」と誓った。すると軍士は勝つことができ、大連をしとめることができた。これによって、すなわち難波の四天王寺を造ったのである。聖徳太子の十四歳の時のことであった。

欽明天皇の御代、戊午《つちのえうま》の年⑮（五三八）十月十二日、百済の国聖明王は、はじめて仏像・経ならびに僧等を渡し奉った。勅により、蘇我稲目宿禰大臣に授け、興隆せしめられた。

庚寅《かのえとら》の年（五七〇）、仏殿を焼き滅ぼし、仏像を難波の堀江へ流し除いた。

推古天皇の御代十三年（六〇五）、聖徳太子は蘇我稲目と謀って仏殿を建立し、さらに仏法を興隆した。そこで五行の説に準じて爵位を定めた。七月には十七条の憲法を作ったのである。[16]

皇極天皇の御代二年（六四三）十月十四日、蘇我蝦夷《えみし》大臣の子、入鹿《いるか》臣□□林太郎は、斑鳩の宮にいた山代大兄王およびその兄弟等、計十五人の王子等をことごとく滅ぼした。

（皇極）天皇の御代四年（六四五）六月十一日、天智天皇〔二十一歳〕は蘇我入鹿を殺した。

その翌日、その父蘇我蝦夷とその子、孫等をみな滅ぼした。

欽明天皇は四十一年天下を治めた[17]〔辛卯《かのとう》の年（五七一）四月、崩ぜられた。御陵は檜前坂合岡《ひのくまのさかあいのおか》にある〕。

敏達天皇は十四年天下を治めた〔乙巳《きのとみ》の年（五八五）八月（崩）ぜられた。御陵は川内志奈《かわちのしな》（我《が》）にある〕。

用明天皇は三年天下を治めた〔丁未《ひのとひつじ》の年（五八七）四月に崩ぜられた。御陵は□。あるいは、川内志奈我中尾陵ともいう〕。

崇峻天皇は四年天下を治めた[18]〔壬子《みずのえね》の年（五九二）十一月崩ぜられた。真実は蘇我馬子に滅ぼされたのである。御陵は倉橋岡にある〕。

推古天皇は三十六年天下を治めた〔戊子《つちのえね》の年（六二八）三月、崩ぜられた。御陵は大野岡《おおぬのおか》にある。

あるいは、川内志奈我山田村にあるともいう〕。

上宮聖徳法王、または法主王ともいうが、甲午《きのえうま》の年（五七四）の生れで、壬午《みずのえうま》の年（六二二）二月二十二日、薨去された〔生年四十九。推古天皇の皇太子であった。墓は川内志奈我岡にある〕。

伝得僧相慶之

裏書

庚戌《かのえいぬ》の年（五九〇）春三月、学問尼善信等、百済から帰って、桜井寺に住した。今の豊浦寺である〔はじめ桜井寺といい、のちに豊浦寺という。云々〕。

曽我大臣とは、豊浦大臣である。

観勒僧正は、推古天皇の即位十年（六〇二）、来朝した。

仏工鞍作鳥、祖父は司馬達《たつ》（等《と》、父は）多須奈である。

ある本には、播磨の水田二七三丁五反二十四歩〔云々〕といい、別の本は三六〇丁〔云々〕という。

ある本には、誓願して寺を造り、三宝を恭敬し、舒明天皇十三年（六四一）三月十五日に浄土寺を創建した〔云々〕という。

注にいう。舒明天皇十三年のはじめに土地をならし、皇極天皇元年（六四二）、金堂を建てた。大化四年（六四八）はじめて僧が住し、大化五年三月二十五日、大臣（蘇我石川麻呂《そがのいしかわまろ》、蘇我日向《そがのひむか》の讒言による）害に遇い、天智天皇二年（六六二）塔を構築した。天武天皇二年（六七四）十二月十六日、塔の心柱を建てた。その柱の基礎の中に、円い穴を作り、「浄土寺」と刻み、その中に蓋《ふた》のある大きな金属の椀を一個置いた。その中には種々の珠玉を入れた。その中に金を塗った壺があり、その中にもまた種々の珠玉を盛った。その中に銀の壺があり、その中に純金の壺がある。中に青琉璃《るり》の瓶があって、その中に仏舎利《ぶっしゃり》八粒を納めている。同五年（六七七）四月八日、露盤をあげた。同七年十二月四日、一丈六尺の仏像を鋳造して、同十四年三月二十五日に仏の眼をいれた。山田寺がこれである〔注は、承暦二年（一〇七八）南一房に写した。真曜の本である〕。〔私にいう〕曽我日向子《そがのひむかのこ》臣は、字は無耶志臣《むさしのおみ》で、孝徳天皇の世に、筑紫の大宰帥《おおみこともちのかみ》に任じた。白雉五年（六五四）十月一日、天皇が病にかかられ、般若寺を創《はじ》めた〔云々〕。（奈良）京の時、定額寺であった。

曽我大臣は、推古天皇の三十四年（六二六）秋八月に馬子が病臥し、大臣のために男女一千人が（出家した）。ある本には、二十二年秋八月に大臣が病臥した〔云々〕、三十五年（六二七）夏六月に亡くなった、という。

（1）「まひときみ」と読む。他の読み方は分からない。

（2）『法華経』譬喩品にあたるたとえ。火事の家の中に知らずに遊んでいる子供を、羊・鹿・牛の車があるからと外へ呼び出し、大きな白い牛の車に乗せて連れ去る話を、仏教には、大乗・小乗があるが、結局は同一のさとりへ導く手段であることにたとえる。

（3）仏の、教化をめぐらす智慧である権智《ごんち》と、真理に通じた智慧である実智。本書四三〜四五ページ参照。

（4）『法華義疏』四巻、『勝鬘経義疏』一巻、『維摩経義疏』三巻、計八巻。ここにある七巻との異同が問題になっている。

（5）『日本書紀』によれば、恵慈は推古天皇二十三年（六一五）に帰国となっている。

（6）原文は「池辺大宮御宇天皇、大御身労賜、時歳次丙午年、召於大王天皇与太子而誓願賜、我大御病大平欲坐、故将寺薬師像作仕奉詔、然当時崩賜、造不堪者、少治田大宮御宇大王天皇及東宮聖徳王、大命受賜而歳次丁卯年仕奉」であるが、薬師像光背銘文の現物と比較すると「池辺大宮御宇天皇」は「池辺大宮治天下天皇」、「故将寺薬師像」は「故将造寺薬師像」に、「少治田大宮御宇大王」は「小治田大宮治天下大王」となっている。

（7）原文は「法興元世一年歳次辛巳十二月、鬼前大后崩、明年正月廿二日、上宮法王枕病弗悆干食、王后仍以労疾並着於床、時王后王子等及与諸国臣、深懐愁毒、共相発願、仰依三宝、当造釈像尺寸王身、蒙此願力、転病延寿、安住世間、若是定業、以背世者、往登浄土、早昇妙果、二月廿一日癸酉、王后即世、翌日法王登遐、癸未年三月中、如願敬造釈迦尊像幷俠侍及荘厳具竟、乗斯微福、信道知識、現在安穏、出生入死、随奉三主、紹隆三宝、遂共彼岸、普遍六道、法界含識、得脱苦縁、同趣菩提、使

司馬鞍首止利仏師造」で釈迦如来像光背銘文の現物は、「法興元世一年」が「法興元卅一年」に、「鬼前大后」が「鬼前太后」に、「王后王子等及与諸国臣」が「王后王子等及与諸臣」になっている。

(8) この名は仏教の経典中に見出されず、弥陀浄土と考える説や、兜率天説、霊山浄土説あるいはインドを指すものなどと考える説がある。

(9) 原文は「斯帰斯麻《しきしま》宮治天下天皇、名阿米久爾意斯波留支比里爾波乃弥己等《あめくにおしはるきひろにはのみこと》、娶巷奇大臣名伊奈米足《いなめすく》尼女《ねのむすめ》、名吉多斯比弥《きたしひめ》乃弥己等、為大后、生名多至波奈等已比《たちばなとよひ》乃弥己等、妹名等已弥居加斯支移比弥《とよみけかしきやひめ》乃弥己等、復娶大后弟、名乎阿尼《おあね》乃弥己等、為后、生名孔部間人《あなほべはしひと》公主、斯帰斯麻《しきしま》天皇之子名、蕤奈久《ぬなく》羅乃布等多麻斯支《らのふとたましき》乃弥己等、娶庶妹名等已弥居加斯支移比弥《とよみけかしきやひめ》乃弥己等、為大后、坐乎沙多《おさた》宮治天下生名尾治《おはり》王、多至波奈等已比《たちばなとよひ》乃弥己等、娶庶妹名孔部間人公主為大后、坐瀆辺《いけべ》宮治天下、生名等已刀《とよと》弥々《みみ》乃弥己等、娶尾治大王之女名多至波奈大郎女為后、歳在辛巳十二月廿一日癸酉日入、孔部間人母王崩、明年二月廿二日甲戌夜半、太子崩、于時多至波奈大郎女悲哀、嘆息白畏天之、雖恐懐心難止使、我大王与母王、如期従遊、痛酷无比、我大王所告、世間虚仮、唯仏是真、玩味其法、謂我大王応生於天寿国之中、而彼国之形、眼所叵看悕、因図像、欲観大王往生之状、天皇聞之悽然告曰、有一我子所啓、誠以為然、勅諸采女等、造繡帷二張、画者東漢末賢《やまとのあやのまけん》、高麗加西溢《かせい》、又漢奴加己利《ぬかこり》、令者椋部秦久麻」である。

(10) 現在、残欠をまとめて、中宮寺に蔵する。この中に、「間人公」「天下生名」「于時多至」「皇前曰啓」「仏是真玩」「利令者椋」の文字をもつ亀甲があり、ここに引かれた銘文がほぼ正しいものであることが知られる。

(11) 「吉多斯比弥(堅塩姫)」などの「弥」の字が「売(め)」の音に相当するという意味。

（12）「等已弥居加斯支移比売（豊御食炊屋姫）」などの「已」の字が「余（よ）」の音に相当するという意味。

（13）「多至波奈大郎女」（橘大郎女）などの「至」の字が「知（ち）」の音に相当するという意味。

（14）原文で「……嘆息白畏天之」とある箇所を指す（口訳は「……嘆息して、天皇の前に畏み申し上げた」）。一説では「白畏」は「畏白」の誤写であるという。

（15）『日本書紀』によると、戊午の年（五三八）は宣化天皇三年のことで、百済の聖明王が日本の天皇に釈迦仏像一体、幡蓋若干、経論若干巻を献じたのは欽明天皇十三年（五五二）十月のことであるとしている。

（16）『日本書紀』では推古天皇十三年に天皇が詔して丈六の仏像をつくらせたという記載はあるが、冠位十二階が定められたのは十一年十二月、十七条憲法の制定は十二年四月となっている。

（17）『日本書紀』では欽明天皇の在位は三十二年である。

（18）『日本書紀』では崇峻天皇の治世は五年であるとしている。

年譜

年齢は数え年である。

五七四年　敏達天皇三年　一歳
聖徳太子生誕、父は用明天皇、母は欽明天皇の皇女穴穂部間人王。

五八四年　敏達天皇十三年　十一歳
司馬達等の娘善信尼ら三名出家。日本における出家の初め。蘇我馬子、豊浦石川の家に仏殿を営み、善信尼らをおく。

五八五年　敏達天皇十四年　十二歳
物部守屋、仏殿・仏塔を焼き、善信尼らを監禁。八月、敏達天皇崩御。九月、用明天皇即位。

五八七年　用明天皇二年　十四歳
四月、用明天皇崩御。七月、物部守屋、滅ぼさる。聖徳太子、参戦し、四天王に戦勝を祈願すという。八月、崇峻天皇即位。

五八八年　崇峻天皇元年　十五歳
善信尼ら、百済に派遣され、戒を受け、仏法を学び、翌年帰国、法興寺の寺地を定める。

五九二年　崇峻天皇五年　十九歳
十一月、蘇我馬子、崇峻天皇を弑す。十二月、推古天皇即位。

五九三年　推古天皇元年　二十歳
四月、聖徳太子摂政となる。太子の誓願により、四天王寺を難波に造る。
五九四年　推古天皇二年　二十一歳
二月、三法興隆の詔。
五九五年　推古天皇三年　二十二歳
太子の師、高麗僧恵慈来朝。
五九六年　推古天皇四年　二十三歳
十一月、法興寺完成、太子、慧聡法師・葛城臣と伊予温泉へ行く。
五九八年　推古天皇六年　二十五歳
天皇、太子に勝鬘経を講義させる（推古十四年、二十五年の説あり）。播磨国佐勢地五十万代を太子に賜う。
太子、これを法隆寺のものとす。
六〇〇年　推古天皇八年　二十七歳
第一次遣隋使、長安へ行く。二月、任那救援のため、新羅征討軍派遣。
六〇一年　推古天皇九年　二十八歳
二月、斑鳩に宮を造る。
六〇二年　推古天皇十年　二十九歳
二月、来目皇子を新羅征討将軍に任ず。十月、天皇、小墾田宮に遷る。十月、百済僧観勒来朝。
六〇三年　推古天皇十一年　三十歳
十二月、冠位十二階を定める（『法王帝説』十三年とす）。

六〇四年　推古天皇十二年　三十一歳
四月、『十七条憲法』を作る（『法王帝説』十三年七月とす）。
六〇六年　推古天皇十四年　三十三歳
法華経を斑鳩の岡本宮に講ずる。
六〇七年　推古天皇十五年　三十四歳
七月、第二次遣隋使として小野妹子を隋へ派遣、用明天皇のための薬師仏像完成。
六〇八年　推古天皇十六年　三十五歳
四月、小野妹子、隋使裴世清らと筑紫へ帰着。八月、隋使入京、天皇に謁す。九月、小野妹子をふたたび隋へ派遣（第三次遣隋使）、留学生高向玄理ら八人同行。
六〇九年　推古天皇十七年　三十六歳
九月、小野妹子、隋から帰る。『勝鬘経義疏』を製し始め、十七年完成（『補闕記』）。
六一〇年　推古天皇十八年　三十七歳
三月、高句麗王、朝貢。十月、新羅・任那の使者入京。
六一一年　推古天皇十九年　三十八歳
八月、新羅、朝貢。『維摩経義疏』を製し始め、二十一年完成（『補闕記』）。
六一三年　推古天皇二十一年　四十歳
十二月、片岡山へ遊行し、飢人に会い、飲食物と衣服を与える（一説、二十七年）。
六一四年　推古天皇二十二年　四十一歳
『法華義疏』を製し始め、二十三年完成（『補闕記』）。六月、犬上御田鍬を隋へ派遣（第四次遣隋使）。八月、蘇我馬子病臥、千人を出家させる。

六一五年　推古天皇二十三年　四十二歳

九月、犬上御田鍬帰朝、百済の使、随って来朝。十一月、高麗僧、太子の師恵慈帰国。上宮御製疏（三経義疏）を本国へ持ち帰って流伝。

六一六年　推古天皇二十四年　四十三歳

七月、新羅、仏像を貢《たてまつ》る。

六二〇年　推古天皇二十八年　四十七歳

蘇我馬子と協議し、天皇記・国記を記録。

六二一年　推古天皇二十九年　四十八歳

十二月二十一日、太子の母穴穂部間人王、薨ず。新羅、朝貢す。

六二二年　推古天皇三十年　四十九歳

二月二十一日、膳妃、薨ず。二十二日太子、薨ず。太子を磯長陵に葬る。太子のため、橘大郎女妃、天寿国繡帳を作る。

六二三年　推古天皇三十一年

三月、太子のために、釈迦仏像および侠侍・荘厳具などを司馬鞍作止利仏師が造る（法隆寺金堂釈迦像）。

六二八年　推古天皇三十六年

三月、推古天皇崩御。

六三八年　舒明天皇十年

福亮、太子のため、弥勒菩薩像一軀を敬造し、法起寺金堂を造る。

六四三年　皇極天皇二年

十一月、蘇我入鹿、太子の子山背大兄王らを斑鳩に襲う。斑鳩宮焼失し、上宮王家一族死し、太子の子孫絶滅。

中公
クラシックス
J33

法華義疏《ほっけぎしょ》（抄《しょう》）
十七条憲法《じゅうしちじょうけんぽう》
聖徳太子

2007年5月10日発行
2021年12月20日3版

訳　者　瀧藤尊教
　　　　田村晃祐
　　　　早島鏡正

発行者　松田陽三

印刷　凸版印刷
製本　凸版印刷

発行所　中央公論新社
〒100-8152
東京都千代田区大手町1-7-1
電話　販売 03-5299-1730
　　　編集 03-5299-1740
URL http://www.chuko.co.jp/

訳者紹介

瀧藤尊教（たきとう・そんきょう）
1922年（大正11）大阪府生まれ。四天王寺国際仏教大学相談役。東京帝国大学在学中応召し、帰国後京都大学に転学。四天王寺女子大学教授などを経て、和宗総本山四天王寺第105世管長を務めた。主著に『慈恩の生涯』『以和為貴』『慈悲共生』など。2010年（平成22）逝去。

田村晃祐（たむら・こうゆう）
1931年（昭和6）茨城県生まれ。東京大学、大学院卒業。東洋大学教授を経て現在名誉教授。文学博士。著書に『生きる叡智』『最澄教学の研究』『徳一論叢』『近代日本の仏教者たち』など多数。

早島鏡正（はやしま・きょうしょう）
1922年（大正11）北海道生まれ。仏教学者。東京大学教授を経て同大名誉教授。浄土真宗本願寺派宣正寺住職を務めた。主著に『早島鏡正著作集』がある。2000年（平成12）逝去。

Published by CHUOKORON-SHINSHA, INC.
Printed in Japan　ISBN978-4-12-160096-7　C1215

■「終焉」からの始まり
――『中公クラシックス』刊行にあたって

二十一世紀は、いくつかのめざましい「終焉」とともに始まった。工業化が国家の最大の標語であった時代が終わり、イデオロギーの対立が人びとの考えかたを枠づけていた世紀が去った。歴史の「進歩」を謳歌し、「近代」を人類史のなかで特権的な地位に置いてきた思想風潮が、過去のものとなった。

人びとの思考は百年の呪縛から解放されたが、そのあとに得たものは必ずしも自由ではなかった。固定観念の崩壊のあとには価値観の動揺が広がり、ものごとの意味を考えようとする気力に衰えがめだつ。おりから社会は爆発的な情報の氾濫に洗われ、人びとは視野を拡散させ、その日暮らしの狂騒に追われている。株価から醜聞の報道まで、刺戟的だが移ろいやすい「情報」に埋没している。応接に疲れた現代人はそれらを脈絡づけ、体系化をめざす「知識」の作業を怠りがちになろうとしている。

だが皮肉なことに、ものごとの意味づけと新しい価値観の構築が、今ほど強く人類に迫られている時代も稀だといえる。自由と平等の関係、愛と家族の姿、教育や職業の理想、科学技術のひき起こす倫理の問題など、文明の森羅万象が歴史的な考えなおしを要求している。今をどう生きるかを知るために、あらためて問題を脈絡づけ、思考の透視図を手づくりにすることが焦眉の急なのである。

ふり返ればすべての古典は混迷の時代に、それぞれの時代の価値観の考えなおしとして創造された。それは現代人に思索の模範を授けるだけでなく、かつて同様の混迷に苦しみ、それに耐えた強靭な心の先例として勇気を与えるだろう。そして幸い進歩思想の傲慢さを捨てた現代人は、すべての古典に寛く開かれた感受性を用意しているはずなのである。

（二〇〇一年四月）